U0502974

拆解

简单高效解决问题的6个步骤

常宁 孙杰 著

中国科学技术出版社
·北 京·

图书在版编目（CIP）数据

拆解：简单高效解决问题的 6 个步骤 / 常宁，孙杰著 . — 北京：中国科学技术出版社，2024.3（2025.6 重印）
ISBN 978-7-5236-0550-9

Ⅰ . ①拆… Ⅱ . ①常… ②孙… Ⅲ . ①提问 Ⅳ . ① G424.1

中国国家版本馆 CIP 数据核字（2024）第 044816 号

策划编辑	何英娇　陈　思	责任编辑	童媛媛
封面设计	潜龙大有	版式设计	蚂蚁设计
责任校对	张晓莉	责任印制	李晓霖

出　　版	中国科学技术出版社
发　　行	中国科学技术出版社有限公司
地　　址	北京市海淀区中关村南大街 16 号
邮　　编	100081
发行电话	010-62173865
传　　真	010-62173081
网　　址	http://www.cspbooks.com.cn

开　　本	880mm × 1230mm　1/32
字　　数	164 千字
印　　张	8.25
版　　次	2024 年 3 月第 1 版
印　　次	2025 年 6 月第 2 次印刷
印　　刷	北京盛通印刷股份有限公司
书　　号	ISBN 978-7-5236-0550-9 / G · 1039
定　　价	69.00 元

前 言
preface

大多数人，在面对问题和困难时，都急于解决问题，急于寻求最快捷的答案。然而，我们没有想明白的是，急于解决的问题是否是真正的问题？是否是最核心或本质的问题？只有找到那个最核心或本质的问题，才能有针对性地解决问题。可是，繁杂表象之下的本质问题往往扑朔迷离，我们被周围环境、自我认知等因素影响，很难通过直觉很顺利地发现真正的问题在哪里。真正的核心或本质问题总是藏在冰山之下。

因此，比解决问题更重要的是发现问题。更确切地说，只有发现真正的问题并且有条理地将问题提出，才能打开解决问题的大门。

然而，我们从小接受的教育大多数是崇尚“答案”的，我们缺少的是“探寻答案”的思维过程。我们总想一步到位得到“解决问题的方案”（答案），却总是迷失在“不知道解决什么问题”的“烟雾”中。于是，从儿童到少年再到青年和中年，我们越来越习惯于直接得到“结果”，而慢慢丧失了“发现和提出问题”的能力。失去了“发现和提出问题”的能力，就像海上的帆船失去了方向，不知为何而前行。

甚至在我们的家庭、学校和社会环境中，往往“答案”

比“问题”更重要；我们得到“唯一答案”的渴望，远大于对“发现问题、提出问题和分析问题”的兴趣。殊不知，“解决问题”（答案）从来都不是一步到位的，必须经历“发现问题、提出问题和分析问题”这个漫长的过程。经历这个过程后，得到的最终的答案（解决方案）可能并非我们曾固守的“唯一答案”，而是多种多样的可能性和创新方案。

我们虽然急于“解决问题”，想得到答案，却不具备“解决问题”这个过程中需要的一系列连贯的思维能力。最后的结果就是，我们虽然很想解决问题，最后却变成了“没有解决问题能力”的人，只能接受现状，墨守成规，无法成为具有“创新精神”的人。

解决问题的过程其实是一系列“发现问题、提出问题、分析问题和解决问题”的过程，而找到合适的解决方案从实际意义上来说就是“创新”。

因此，要想解决问题，要想创新，还得从发现问题开始，慢慢走向解决问题的路径上来，在探寻解决问题的过程中获得小步迭代式创新直至颠覆式创新。

然而，这条追寻解决问题（创新）的路径扑朔迷离，因为我们总是被表象问题，盘根错节、细枝末节的杂乱事物或问题阻挠，根本无法看到问题的本质。所以，怎么快速发现最核心或本质的问题，打开解决问题的大门呢？我们希冀通过这本书提出一些方法论。

如何层层剥开问题迷雾，不断通过提问方法、提问策略一步步拆解问题，从而找到我们面临的核心或本质问题呢？

笔者根据多年实践经验，创建了“拆解式提问六连环模型”，通过“观察、描述、分拆提炼、提问题、解问题、评估”六个核心环节，帮助我们发现日常生活、工作、家庭教育、学校教育、项目研究、产品研发、发明创新等领域和场景中需要解决的核心问题到底在哪里。

本书共分为六章，在前两章中研究并绘制了“问题解决思维逻辑图谱”，包括发现和提出真问题、分析和思考真问题、尝试寻求真问题的解决方案、评估和优化解决方案、阶段性创新解决方案、持续性创新系列过程，揭开解决问题和创新的内在路径。

在之后的各章中，本书提供了多个实操方法论：训练提问能力的“观察–思考–提问”三阶段模式；助力信息挖掘和沟通关系的“宽口提问”和“窄口提问”法；像剥洋葱一样逐层挖掘问题的“大而化小”分解式提问策略；助力解决问题的“拆解式提问–解决问题”思维模式以及“问题解决迂回术”；拆解式提问日常训练创新力；等等。本书提供了大量实践案例，通过案例解剖，手把手教你利用这些实操方法论训练自己发现并提出问题的能力、思考和分析问题的能力、解决问题的能力、找到最优化的解决方案的能力、打开思维获取创新想法的能力；等等。

拆解式提问六连环模型及其包含的重要方法论，最首要的作用便是帮助我们发现真正的核心问题藏在哪里，从而让我们知道到底该解决什么、该朝什么方向努力去解决，可以帮助我们沿着“核心问题”，不断分解问题，并逐步找到解决问题的路径和方法。

“以终为始”，以“发现问题和解决问题”这个目标为根本出发点，拆解式提问六连环模型的“拆—解”过程，围绕目标，不断挖掘信息，不断拆解问题，并从中分析、判断和确定“什么才是我们要创新解决的真正问题以及如何解决它”。如此一来，所有的努力便有了意义。

拆解式提问模型及方法论的应用，让我们在问题解决思维逻辑过程中持续思考，保持思维流动，从“发现和提出真问题”出发，不断向前迈进，到达“创新性解决问题”的目的地，最终让我们成为发现问题和解决问题的高手！

目 录
contents

第一章 你真的了解“问题”吗 001

一、具有创新型人格的“问题解决专家” ◇ 004
二、拆解“问题” ◇ 012
三、问题解决者的逻辑 ◇ 023
四、捕捉元认知 ◇ 026
五、问题解决思维逻辑图谱 ◇ 031
六、问题与创新 ◇ 033
七、实践训练 ◇ 037

第二章 发现真问题——拆解式六连环模型 045

一、真问题到底是什么 ◇ 047
二、如何拨云见日，发现和提出真问题 ◇ 056
三、让思维流动起来 ◇ 068
四、“提问 - 问题解决”机制模型 ◇ 071
五、三步走提问法 ◇ 073
六、拆解式提问法核心六连环 ◇ 075

七、拆解式提问法的运用 ◇ 083

第三章 观察、描述、提炼 091

一、无限接近“上帝视角” ◇ 093
二、如何让感知更确切 ◇ 103
三、训练观察力的三种方法 ◇ 107
四、观察力实践训练 ◇ 117
五、在描述中明确关键信息 ◇ 121
六、观察、描述、提问三步走 ◇ 126
七、观察和描述四步小练习 ◇ 128
八、利用“剥洋葱”拆分法找出问题源头 ◇ 131
九、提问：分拆过程中“穿针引线”的工具 ◇ 142

第四章 用“提问”打开思维 153

一、问题能做什么 ◇ 155
二、宽口提问和窄口提问 ◇ 158
三、多问细节 ◇ 176
四、分解式提问策略 ◇ 190

五、分解式提问策略实践练习 ◇ 197
六、“观察 - 思考 - 提问”三阶段训练模式 ◇ 205

第五章
找到冰山下的核心问题 215

一、刻意练习：思考、分析和表达 ◇ 217
二、核心问题评估步骤与指标 ◇ 222

第六章
拆解式提问的终点：解决问题，打开创新大门 237

一、“拆解式提问 - 解决问题”的思维模式 ◇ 239
二、简单五步骤，让解决问题更高效 ◇ 243
三、拆解式提问：打开创新大门 ◇ 247
四、逆向思维：任何创新都源于对某个问题的解答 ◇ 249

第一章

你真的了解“问题”吗

人类文明不断进步，社会不断发展，是什么无形的规则在推动人类文明的进步，通过解决一个又一个问题推动社会不断向前发展呢？

这个世界到底是由什么构成的呢？不同领域的人或许会给出不同的答案。有人说世界是由概念构成的，有人说世界是由物质构成的，也有人说世界是人类所在地球上的一切，涉及人类所有活动的范围都统称为世界。在现有的说法中，世界多与人类的活动紧密联系，人类的认知和探索构成了“世界”的范围，人类认知和探索的拓展似乎又不断拓宽着“世界”的广度。

在我们看来，世界是由无数问题构成的，社会也是由无数个问题构成的，大到宇宙的奥秘、生命的缘起，小到社会的运转、民生的柴米油盐，都充满了一个又一个问题。一个又一个问题不断被解答和推进，更新着我们对宇宙和生命的认知，从而让社会和历史的车轮滚滚向前，也让生活更加美好。

世界发展瞬息万变，如今构建创新型社会成为国家发展的宏观战略，创新型社会的本质又是什么呢？我们需要做什么呢？

从根本上来讲，我们应该从教育、人才培养等方面培养越来越多的问题解决专家，为国家和社会发展提供无限的动力。这些问题解决专家可以是科学家，可以是工程师，也可以是各行各业投身于国家建设、推动产业进步、推动技术创新的普通劳动者。只要每一个个体越来越具备解决问题的能力，这个社会就能更好地向前发展。

那么，我们究竟需要怎样的问题解决专家呢？可不可以通过持续训练找到解决问题的脉络和思维路径？这成为当前摆在我们眼前的问题，也是这本书要解决的问题。

如果要寻找解决问题的“解”，或许可以先看一看，一些知名的问题解决专家是如何解决问题的。

一、具有创新型人格的“问题解决专家”

提到问题解决专家，不得不提到埃隆·马斯克。人们对马斯克的评价褒贬不一，而在多数媒体的报道里，马斯克是一个极具创新力的人，也是一个持续的创业者。无论人们对马斯克的评价是什么，抛开马斯克本人及他的成绩不说，更值得我们思考的问题是：马斯克具备什么样的特质？是什么支撑着他的持续创新和创业？不得不承认，马斯克是一个绝佳的问题解决专家。那么，他的问题解决逻辑究竟是什么呢？

1971 年的夏天，埃隆·马斯克在南非行政首都比勒陀利亚出生。谁也不会料到，50 年后，即 2021 年他首次登顶世界首富之位。他身上被贴满了各种标签：特立独行、执着坚毅、目标感极强、精神领袖、钢铁侠、极具天赋、智商过人、野心勃勃……他的故事在媒体上广为流传。人们对他也充满了争议，有人说他是暴君，有人说他狂妄自大，有人说他有社交障碍，也有人说他过于圆滑。而马斯克对自己的评价是：持续创新者和问题解决者！

马斯克小时候经常因直截了当地纠正同学的错误而遭到排挤和欺凌，这使儿童时期的马斯克性格变得内向起来，他把精力全部投入看科幻小说中。在科幻的世界里，马斯克看到未来人类可能面临的生存危机。可能从那时起，在他幼小的心里就开始充满生存焦虑。

马斯克认为人类应该探索并拯救世界，甚至应该拯救宇宙，他认真严肃地看待世界上存在的问题，不停地思考这些问题并希望找到解决方法。10 岁那年，马斯克学会了编程。12 岁那年，马斯克卖掉了自己编写的太空游戏，获得了人生第一桶金。科幻故事对马斯克的影响很大，在他心里埋下了一颗"想要拯救人类"的种子，以至于此后都执拗于"如何解决人类危机问题"。

马斯克问自己，如果地球灭亡的话，人类该去哪里？由这样一个问题出发，2001 年，马斯克提出了"火星绿洲"的想法，并开始策划这个项目如何落地。当他说出这个想法时，几乎所有的人都在嘲笑他，这个不知天高地厚的年轻人在痴人说梦吗？

20 多年前的 2001 年，也就是在网络和移动设备都未普及的年代，一个人忽然冒出来告诉你，他要把实验室送到火星上，在火星上种植农作物，谁会相信他呢？

从 1960 年苏联向火星发射第一枚探测器开始，直到 2001 年，40 余年来，美、苏、日及欧洲的多国向火星发射了数十颗探测器，多数以失败告终。在人们看来，航天研究一直是由国家政府主导的事情，一个年轻人，哪里来的底气和资本？

面对质疑，马斯克并未终止“火星绿洲”项目，而是开始思考一个问题：我该如何一步步将这个想法落地？

马斯克分析，如果要实现“火星绿洲计划”的目标，首先需要运载火箭，那如何解决运载火箭的问题呢？

为此，马斯克两次前往俄罗斯，试图向俄罗斯的宇航公司购买翻新的运载火箭。然而，交易最终未达成。不过，此次经历，让马斯克提出了一个新问题：既然购买运载火箭行不通，为什么不自己造火箭呢？

于是，一个新闻被爆出来：马斯克要自己造火箭啦！听到这个新闻的人，都认为马斯克是个疯子。自己造火箭？怎么可能？然而，马斯克十分坚定，因为在他提出新问题和产生这个想法后，就已经试图寻找解决方案了。在马斯克的世界里，解决问题并找到好办法总是让他兴奋不已。大家都认为他是个疯子时，他已经从头开始分析“如何让火箭成本降下来”这个问题了。

面对新问题，马斯克看起来大胆又激进，不断寻找解决途径，最终找到解决问题的方案。2002 年 6 月，太空探索技术公司 SpaceX 成立，专门致力于开发航天火箭。公司陆续开发出了可回收的火箭，大大降低了火箭成本，成为私人航天领域的开拓者。此后，马斯克的目光开始聚焦在“世界当下或未来的问题”上，他看到世界能源问题的同时，也看到了能源问题背后的商机。2004 年，马斯克向特斯拉公司投资 630 万美元，希望特斯拉能够解决的问题是：加速世界向可持续能源转变，制造平价的纯电动汽车。接着，马斯克的新问题就是：如何让电动汽车的成本下降呢？马斯克开始分析问题的症结：电动汽车的核心部件是电池，采购商的电池太贵。那么，如何才能降低电池的成本呢？马斯克开始分析和研究电池的原材料以及电池的原理。最后的结果是，特斯拉要自己研发电池，从源头解决电池问题，以降低电动汽车的价格。

不得不说，马斯克的确是个超级问题解决者。他希望解决的大问题，总能被他拆解成一个个小问题，通过解决一个个小问题，最终把挡在面前的大问题解决掉。结果呈现给世人的便是：马斯克做了一件又一件不可思议又充满争议的事情，创造出多个创新产品或项目。

特斯拉自己研发电池只是马斯克希望解决全球可持续能

源问题的一个开端，这件事让他的思维更加开阔起来。随后，他将目光投向太阳能服务公司阳光城（SolarCity），2016 年特斯拉斥资 21 亿美元将阳光城收购。尽管面对诸多争议和法律上的问题，但马斯克为自己辩护称，收购阳光城的想法早在 2006 年就已经在他的规划中，他觉得太阳能发电、固定式储能是解决能源可持续发展问题的重要部分之一。

围绕他心目中“如何解决全球可持续能源”这个大问题，马斯克搭建出了他的商业版图：电动汽车公司特斯拉、太阳能公司阳光城。

可以看出，马斯克的每一个想法，往往都是从发现一个问题而来。在解答问题的过程中，不断提出新问题，解决新问题，最终实现想法。每一个想法的最终结果就会诞生一个创新产品或创新公司。

阿里什·万斯在写马斯克传记时与他有不少接触，他认为马斯克有一种超强的能一眼看透事物本质的能力。

什么是看透事物本质的能力呢？在我们看来，看透事物本质的能力就是发现核心问题的能力。如果能找到核心问题，定位到事物的底层逻辑，所有的答案都将随之浮出水面。许多问题解决专家都具备这样的超能力。只要了解了事物的本质，并遵循基本规律去行动，世界上的难事或许都可以被解决。

与其说马斯克对创业、创新有着偏执的行动力，不如说他对于“要解决什么问题”看得十分清楚和透彻。

马斯克的创业历程及其构建商业版图的逻辑如图 1-1 所示。

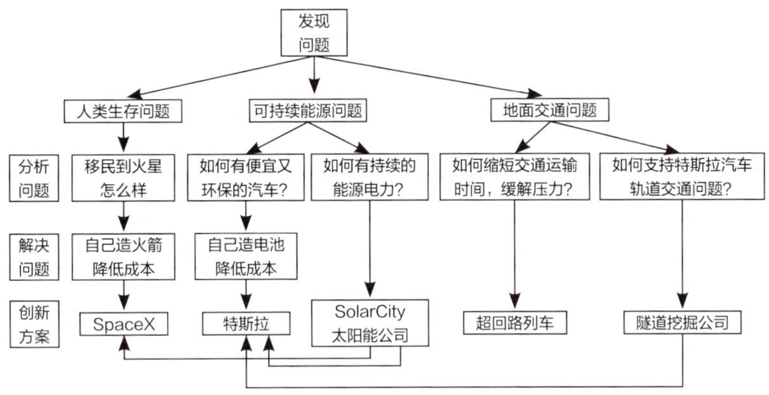

图 1-1　马斯克的创业历程及其构建商业版图的逻辑

从发现问题到创新想法或创新产品的产生，中间会经历一系列不断发现问题、分析问题和解决问题的过程。每一次改进都是一次创新，不间断地解决问题，才会有最终的大创新。

马斯克看起来好像总能想到解决问题的办法，但其实更重要的是他能精准地发现问题。创新的背后，就是发现和解决挡在前方的一个又一个问题。

用慢镜头细致地解剖图中的过程，我们就可以将马斯克的问题解决逻辑看得更加清楚。

（1）太空探索技术公司是如何产生的？我们可以从人类生存问题开始。

发现问题：人类生存问题（大问题）。

提出问题：把人类送去火星怎么样？（提出核心问题）

分析问题：如何把人类送去火星？

解决问题：需要火箭。

发现问题：火箭昂贵。

提出问题：怎么降低火箭的成本？

分析问题：如何让火箭又便宜又可以回收利用？

解决问题：自己研究基础材料，自己造火箭。

解决问题：太空探索技术公司诞生（创新）。

（2）特斯拉是如何产生的？阳光城的原动力来自哪里？我们可以从可持续能源问题开始。

发现问题：能源危机，可持续能源问题（大问题）。

提出问题 A：怎样解决长期的可持续能源问题？

提出问题 B：如何从生活中的问题着手解决这个问题？

提出问题 C：可否从能源消耗大、污染重的汽车问题开始解决？

分析问题：如何让汽车环保又便宜？

解决问题：制造电动汽车，不消耗不可再生能源。

分析问题：电动汽车的电池昂贵问题如何解决？

解决问题：研发电池，降低成本。

解决问题：制造特斯拉电动汽车（产品创新）。

解决问题：降低电动汽车价格（环保又便宜）。

提出问题：日常生活中的电力产生仍依赖不可再生能源

消耗，怎么办?

分析问题：如何让城市的电力消耗不再依赖传统能源?

解决问题：太阳能发电、太阳能储能。

解决问题：收购阳光城（模式创新）。

解决问题：太阳能供电，降低电力成本，环保。

解决问题：未来可能解决特斯拉电动汽车太阳能发电问题，可能解决太空探索技术公司航空供电技术问题。

（3）超回路列车创新想法是如何产生的?从地面交通问题开始。

发现问题：地面交通拥挤，现有交通工具速度慢（大问题）。

提出问题：如何能扭转这个现状?

分析问题：怎样让远距离运输变快?怎样方便人们远距离出行?

解决问题：超回路列车新型交通、亚音速浮空列车系统（创新想法）。

其实，创新的过程就是一系列解决问题的过程，我们看到的创新形式、创新想法、创新产品都只是解决问题后的结果。那么到底要经历哪些过程才能达成创新的目的呢?

我认为这个过程就是：发现并提出问题、不断分析问题、不断解决问题、寻求更好的解决方案、小步迭代式解决问题、创新。拥有创新能力的人，具备发现并提出问题的能力，具备不断分析问题的能力，具备不断解决问题的能力。那些善于解决问题的人往往是具有创新型人格的人，他们有着强大的创新能力，以及区别于常人的创新思维。究竟何为创新思维呢？思维是大脑进行的一系列思考活动，而创新思维可以理解为，发现并提出问题、分析问题和解决问题的思考路径。具备创新思维的人，遇到现象，会洞察其背后的本质问题，会逐步分析本质问题背后的障碍、原因，会层层剥离问题，不断找到更好的解决方案。这个解决方案往往具有创新性，最终能够让其拨云见日。

二、拆解“问题”

2014 年，我到大学任教后发现一个普遍的问题，很多学生对许多专业课程教师的教学有些不满，在期末评教时给这些教师的分数偏低。原因到底是什么呢？我和学生们开始沟通这个问题，希望探查这种现象背后的原因。

对于教师的专业水平，学生们一点也不怀疑，因为这些教师都是某个领域的高才生，论专业知识和技能自然不在话下。但很多学生对这些学术水平很高的教师不满意的原因是什么呢？答案让人出乎意料：学生听不懂老师讲的课。

比如，营销学专业有统计学和数据分析的课程，为了让这个专业的学生学习到更多统计学方面的知识，该专业会专门聘请该领域资深的教师来授课，但很多学生听得一头雾水，不满情绪随之也就产生了。

至此，我们发现，教师个人的知识水平和教学效果之间可能并不对等，知识水平高但不一定教学能教得好。那么，是什么影响了教师的教学水平呢？

对于得分较低的教师来说，他们也很委屈和不解。在他们看来，自己也在努力上课，讲完了该讲的知识点，为何会落下“费力不讨好”的结果呢？

我分析得到的原因如下：第一，教师只是按部就班讲知识，单向地传输，并未结合专业的特点、学生的特点来设计教学内容。第二，教师只是生涩地传递知识和概念，学生难以理解和消化等。第三，对教师来说很好理解的内容，对学生来说比登天还难。

问题出现在教师的教学模式和教育理念上。教师用一种一成不变的硬塞方式，给学生“灌”知识，但从未站在学生的角度去思考：“我这样的教学设计学生能明白吗？这个知识点该如何分解成学生可以理解的内容呢？如果我是一个学生，完全是一张白纸，什么样的教学逻辑和教学过程会让我轻松地掌握生涩的专业知识呢？”

这样的调查也让我们开始思考，如果由我们来给营销学专业教授统计学和数据分析的课程，我们该如何站在学生角度去创新设计教学内容呢？

在观看了大量相关视频课程后，我们并没有找到好的参考答案。直到有一天，在国内某网站公开课上的一门统计学视频课让我们茅塞顿开：教师教学如果能站在学生角度思考问题，对自己保守的教学方式和理念进行颠覆，创新设计教学内容，就会最大程度激发出学生原始的求知欲望。

许多教师之所以墨守成规，是因为他们不想改变，不想把教学搞得复杂，他们的教育理念仍然是以“自我”为中心的。这样就导致学生提不起兴趣，并产生诸多抱怨。

改变真的很难吗？其实不难！只需要从“如何让学生更好地学习”这个问题出发，就可以创新教学模式了。

这里要提到一个重要人物，他就是翻转课堂的缔造者和引领者、可汗学院的创始人萨尔曼·可汗。

萨尔曼·可汗皮肤黝黑、阳光率真，在 2011 年 3 月美国加州的 TED 演讲会上，他介绍了成立可汗学院背后的故事。这个年轻人受到了世界范围内众多科技领袖和商界大佬的追捧，甚至成为比尔·盖茨的超级偶像和最欣赏的老师。

尽管是科技领袖，但比尔·盖茨也很苦恼该如何教自己的 3 个孩子更好地学数学和科学。他花费了大量时间给孩子讲基础概念，但效果并不尽如人意，孩子们仍然似懂非懂。不过，对于那些他怎么也解释不清楚的知识点，孩子们却在可汗学院上通过萨尔曼·可汗短短 12 分钟的视频，清楚地理解并掌握了。

可汗之所以受到商界、科技界、教育界的广泛认可和尊敬，是因为他从现有教育模式中发现了系列问题，并不断解决与改进，最终创造出一种颠覆式创新模式。

1976年10月，萨尔曼·可汗出生于美国新奥尔良市，是孟加拉裔美国人。小时候，可汗对学习数学表现出了极大的兴趣，在数学方面的天赋也被慢慢激发出来。尽管家境清贫，但可汗仍然不负众望，凭借自身努力考入麻省理工学院，后拿到数学学士学位、计算机科学学士和硕士学位，随后又进入哈佛商学院拿下MBA学位。

2004年，可汗和妻子在美国新泽西举办婚礼，可汗家族的40名亲戚千里迢迢赶来庆贺，其中就包括他的表妹纳迪亚。12岁的纳迪亚曾是个品学兼优的小女孩，最近的数学考试成绩却很糟糕，这让她陷入深深的挫败感当中，认为自己学不好数学。

然而，可汗却看到了纳迪亚的潜力，因为她不仅富有创造力，而且逻辑思维能力也很强。于是可汗便有了一个帮扶补救计划：给纳迪亚补习数学。接下来，摆在可汗面前的，是一系列需要解决的问题。

首先，纳迪亚居住在别的城市，距离问题怎么解决呢？可汗的解决方案是：利用网络进行远程辅导。

其次，可汗提出一个新问题：该利用什么教学方式教纳迪亚数学呢？

可汗并没有做过教师，也没有接受过正规的教师培训，他觉得自己可以大胆尝试，不受束缚。面对该使用什么样的教学方式问题，可汗想到了自己的教授。他发现，许多教授对自己的领域非常了解且擅长，但唯独不擅长如何将自己的知识更好地分享给学生，也就是“传授”知识的方式有问题。这个问题，恰恰也是我们在高校里发现的问题。

所以，“该采用什么样的教学方式”这个问题就变成了“如何让纳迪亚很好地听懂数学课程讲解？”

既然没有经验，也没有固定模式，可汗就认为他应该大胆尝试自己的方法并观察效果，进而不断调整。

为了找到答案，可汗开始分析新的问题：为什么像纳迪亚这样努力的孩子学不好数学？只有分析和发现核心问题背后的原因，才能找到解决问题的路径。

可汗发现，纳迪亚之所以考试不如意和对数学失去信心，是因为她不理解数学的基础概念，而且没有掌握基础概念之间的逻辑关系。其实，许多孩子都面临着与纳迪亚一样的问题，只要他们解决了“理解基础概念及其关系”的问题，就能够学好数学。

问题分析还在持续进行，可汗继续提出新问题：为什么学生不能理解教师讲的知识呢？

可汗认为，原因在于：第一，上面提到的教师“传授”知识的方式有问题。教师分享的知识并没有被学生消化，学生只能囫囵吞枣，死记硬背，无法很好地将它们串联起来。第二，标准化的课堂教学模式并不能让学生有充分的时间去消化和理解知识。

在不断地发现问题、提出问题的过程中，可汗一点一点地寻找从何处下手解决最本质的问题。

在多次尝试后，可汗终于找到了简洁的解决方案：利用网络电话 Skype[1] 和可以互动的雅虎涂鸦程序[2] 进行远程教学；用浅显的方式，拆解数学概念和原理。

通过这种方式，纳迪亚的学习兴趣很快被激发出来，数学成绩也快速得到提升。接着，周围亲戚朋友的孩子都希望让可汗来辅导，于是在“口碑”作用下，可汗的在线课堂举办起来了。

不过，新的问题又来了。这样的在线课堂每次最多只能让十几个孩子受益，如果有更多的孩子需要，该怎么办呢？

面对新的问题，可汗开始思考：为什么不能把课程录下来发布到视频网站上？

于是，新的解决方案来了：第一，他要录制朴实无华的教学视频；第二，每一集视频时长 10 分钟左右；第三，将教学视频放到视频网站上供更多人免费观看，并且每个学生可以根据自己的计划和时间来学习。

每一个想法和考虑，都有他希望解决掉的问题。

可汗朴实无华的教学视频是这样的：黑色屏幕充当黑板，

---

① 一款即时通信软件，可以视频聊天、语音会议等。

② 原文为 Yahoo Doodle，一款可以在线手写的应用程序。

教师的脸不出现在屏幕上，边讲边讨论。

之所以这样处理，可汗希望解决的问题是：降低教学成本，毕竟他不希望自己饿着肚子去做这件事；人脸出现在屏幕中会分散学生注意力；边讲边讨论，希望让学生在学习过程中感觉到自己和主讲老师在同一空间。

毫无疑问，可汗一开始对视频形式上的预判是准确的。我在观看他的统计学教学视频时，的确有这样的感受。我的注意力非常集中，能够盯着那块黑板跟着他的思路沉浸其中，让人有种意犹未尽的感觉和希望继续看下去的动力。

为什么每一集视频的时长为10分钟左右呢？可汗经过研究认为，学生在课堂上集中注意力的时间是10分钟左右。考虑到在线课程的性质，视频时长更不应该设计太长。

之所以用黑色的黑板，是因为可汗希望通过简单的黑色唤起学生的注意力和其对学习的热情，让他们学知识的过程就像打开寻宝游戏一样。黑色可以让学生带着问题去主动寻找答案。可汗说："正如知识为黑暗中的人们带来了光明一样，我的教学方法也力图帮助学生培养一种能力，让他们通过动手实践来专心思考，自己找出答案。"

视频形式确定后，对可汗来说，如何在10分钟左右的视频里将课程内容变得有趣、有意义、可理解、能激发兴趣，是他面临的最大问题。因为这恰恰可以解决学生听不懂老师讲课、不理解知识点这个核心问题。

可汗解决核心问题的办法是，在视频教学中，采用“精熟教学法”的教学模式。按照可汗的说法，精熟教学法是指让学生在进入更高难度的学习阶段之前，先充分理解之前所学习的概念。学生更好地理解了所学的概念，就会对未来的学习充满信心，在学习中也会很快联想到曾经学过的知识点。知识串联起来后会形成持久的记忆，最终会让学生变得更加主动和愿意学习。

精熟教学法并非可汗的首创，这个方法早在 20 世纪初就被提出来了。然而可汗却发现一个重要问题：经过了 100 多年的时间，精熟教学法并没有被很好地利用在现行的教育模式中，甚至一度被扼杀，因为使用精熟教学法就意味着要对教学方法、教育模式进行大面积改革和成本投入。因此，这种教育模式虽然经过了百年的历程，但并没有在实际教育中发挥多少作用。教师仍然是在规定的课堂时间内，将不同的章节内容和知识点塞给学生，学生只能老老实实地坐在那里被动接受。久而久之，学生慢慢失去了主动探索和学习知识的动力，教育变成了整齐划一的标准化输出。

可汗还发现另外一个问题：标准化的课堂教育模式会人为地把原本相联的课程进行划分，将知识生硬地划分为不同的学科。这些划分限制了学生对知识的理解，让学生对世间万物运行规律的理解产生了偏差，让知识和知识之间变得没有了连接。

对此，可汗举了几个生动的例子进行说明。比如，遗传学实际上是对概率的应用，但遗传学被归入生物学，而概率却被归入数学；物理当中会用到代数和微积分，但物理和它们被划分成独立的学科；化学和物理研究的现象很多是相通的，只是研究角度不同，物理和化学却成了相互独立的学科。可汗说："如果能让学生们了解物理中的接触力实际上是化学中电子间互斥力的一种表现，不是能帮助他们更好地理解吗？如果能将代数中的知识与实际生活结合起来，这门学科难道不会有趣得多吗？"

其实，可汗提出的这些观点在今天的教育环境中，已经有先行者开始尝试践行了，比如许多教育者提出，在学生的基础教育阶段应打破"学科"的限制，倡导"跨学科学习""交叉学科学习"，通过从实际生活中的问题入手，让学生在解决问题的过程中，学习数学知识、文学和文化知识、物理和化学知识等。

这里不再用过多篇幅展开讲"打破学科限制"的教育模式。我们继续看看，可汗在不断发现问题和分析问题的道路上，究竟探索出了什么样的解决方法，他又是如何重新塑造新教育模式的？

发现并分析上述问题后，可汗找到了教学方法上的突破口：充分运用"精熟教学法"。于是，我们就会看到，在可汗的统计学、数学等大量教学视频中，他不遗余力地用极为“深入浅出”的方式，拆解每一个“基础概念”，将概念用幽默、易懂、生活化的语言和案例方式转化出来，让学习者“一听就懂”并渴望不断地跟着他探索下去。

对于“知识点割裂，学生难以形成知识之间的连接和想象”这个问题，又该怎么解决呢？可汗最终的解决方案是：在教学中创造一个新的教学工具——知识地图。

为了让学生很快掌握知识点之间的联系，可汗编写了能为不同知识点自动生成60个问题的程序。他画出知识点结构图，解释了哪个知识点在前，哪个知识点在后，然后用程序把这些知识点串联起来，形成具有逻辑关系的一个又一个知识点对应的问题。学生学习一个知识点时，除了可以练习与这个知识点有关的题目，也会清楚这个知识点前面的知识点是什么，后面又连接到哪里。最终，在学生的大脑里，这些知识点就汇聚成一张立体的“地图”。

可汗说，他希望这张“知识地图”能鼓励学生按照自己的选择来学习，让他们可以跟随自己的理解自主地在“地图”上随意“走动”，直观地了解自己到底学了什么以及未来要学习什么。

可汗不断的探索带来了最终的创新：“网络视频课程＋精熟教学法＋知识地图”教学模式。

然而，可汗对现行教育的思考并未停止，他又发现了新的问题：标准化教育模式“教”与“学”不统一该怎么解决呢？

比如，教师在有限的课堂时间内讲授了一个章节的内容，但是，并非所有学生能在有限的时间内把这些内容全部消化。下一次课堂，新的教学内容又会继续开启。教师始终在单向地“拼命教”，学生在被动地“拼命学”，教学效果一而再地打折扣。学生没有充分的时间理解和消化这些硬塞过来的内容，最终“教”和“学”就很难保持在一条线上了。

针对这个问题，可汗提出了新的教育模式：翻转课堂。所谓翻转课堂，可以简单将其理解为，教师在课堂之外为学生提供足够的基础知识点讲解素材，学生在课前充分地了解和消化内容，在课堂的有限时间内，教师带领学生讨论这些内容，解决学生在学习这些内容时遇到的实际困难，有针对性地为学生答疑，引领学生参与讨论，激发学生之间互相分享观点的热情。

尽管可汗并未接受过正规的教师培训，但他抱有教育情怀。更重要的是，他有一双善于发现问题的眼睛。从留意到表妹的数学学习问题开始，他逐步思考学生学习时面临的问题、教师教学存在的问题、教育模式存在的问题等，层层剖析，并不断尝试自己的方法，慢慢寻找到每一个问题的解决方案。

可汗得到了众多商业领域和科技领域大咖的赞誉和欣赏，也获得了可汗学院长期可持续发展的资金支持，但他拒绝将可汗学院变成商业化平台。他希望可汗学院可以改变世界现存的教育问题，让几岁到几十岁的人都能通过可汗学院的课程找到学习的乐趣和动力。

对此，他在自传中提出了很多发自肺腑且掷地有声的教育理念，尤其让我为之动容的是：“我希望能重新唤起学生的学习乐趣，让学生能够积极地参与学习的过程，享受学习带来的自然的兴奋。这种兴奋在传统课堂服从式的教育模式中被压抑了。”

我们可以看到，可汗的创新历程也并非凭空产生。无论是马斯克，还是可汗，他们极具创新能力，身上都具备非常类似的问题解决专家的特质。比如，他们都善于发现和提出问题，都有深度思考和思辨的能力，具备逐步分析问题的能力，并且都是行动派，愿意通过不断的尝试去解决迎面而来的各种问题，最后才找到终极解决方案（创新结果）。

三、问题解决者的逻辑

问题的解决并不是一蹴而就的，而是要经历一系列自我发现、剖析思考的过程后最终才能达成。我们可以从可汗的问题解决历程中，倒推他是如何一步一步解决问题的，梳理出他的问题解决思维逻辑脉络，如图 1–2 所示。

我们看到的任何创新形式或解决方案，都只是表面的结果，就像露出水面的冰山一角。支撑创新或解决方案产生的思维方式和思维逻辑，就像一条暗河，埋藏在冰山之下。冰山之

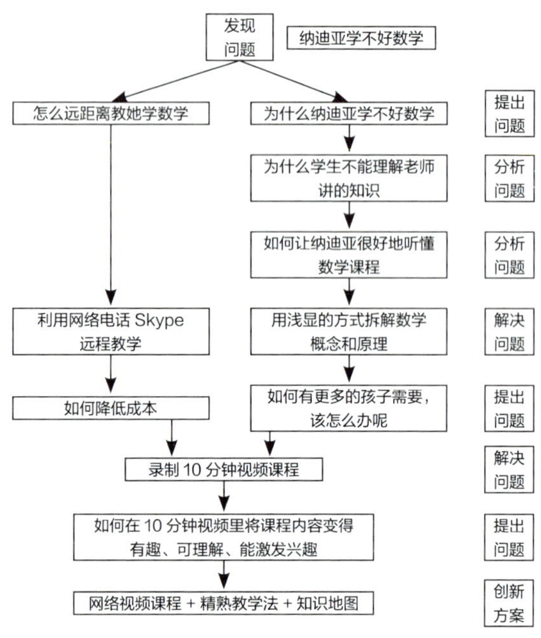

图 1-2　可汗的问题解决思维脉络

下的东西，才更值得研究和探索。

除了这两位典型的问题解决专家代表，我们身边其实有许多善于处理问题的问题解决者。他们可能是高情商的人，在面对争吵和矛盾时或许只需用只言片语就能化解情绪；在面对工程、技术等工作中的棘手问题时，会很快想出最好的解决方案，远超他人；在面对公司亏损时，能很快力挽狂澜，扭亏为盈。那么，这些问题解决者的思维方式和马斯克、可汗有没有什么共性呢？

因此，梳理问题解决者背后的思维逻辑过程和思维方式，是研究问题解决路径的最好方法。这些路径可以被学习、被模仿、被训练，最终可让学习者成为具备问题解决能力、拥有创新思维逻辑和思维方式的人。

在许多人看来，创新似乎是昙花一现，或者是灵感乍现的结果。那问题解决者究竟是如何找到解决问题的办法，从而形成创新结果的呢？

其实，任何人找到一个解决方案时，他的大脑都经过了一系列缜密的分析和思考过程，这个过程可能是在零点零几秒内完成的，我们往往无法意识到。

就算是普通人，每天在思考解决方案时，大脑也会不断经历一系列过程，更何况问题解决专家或创新者呢？他们在想出创新想法和解决方案这个结果的背后，大脑中也一定经历了一系列系统性的逻辑过程。这个过程有可能是在几微秒内完成的，也有可能经历过断断续续的过程，还有可能经历过数年累月的反复。

所以，只要能够想办法去捕捉、分析、梳理那些问题解决者解决问题的起点在哪里，以及中间的系列逻辑思考过程，并把这些起点、中间逻辑思考过程和终点绘制成一条问题解决思维逻辑图谱，就可以清晰地把问题解决的路径抽离出来，之后，冰山之下的暗河和创新路线就会浮出水面。

如果学习者可以按照这个图谱轨迹来训练自己的思维方式，那么当他们遇到问题时，是不是可以让自己的思维沿着问题解决思维图谱不断前行呢？是否最终就可以找到解决问题的办法呢？

四、捕捉元认知

问题解决思维逻辑图谱究竟在哪里呢？答案是，从问题解决者的元认知中寻找。说到这里，元认知就是一个绕不开的关键话题。那么元认知到底是什么呢？

比如，我们可以时刻觉知自己的思维过程，觉察自己在做出某个解决方案、想到某个创意想法、解决了某个问题时，是怎么想到这一步的？觉察自己最初发现了什么问题？接下来又是如何一步步地去分析的？最后是如何想到最终的那一步的？等等。

这个过程，其实就是元认知的过程。

美国心理学家弗拉维尔在 1976 年出版的《认知发展》一书中最早提出“元认知”的概念，他对于“元认知”的定义是：对认知的认知。

听起来是不是有些难以理解？其实就是我们“对自己思考过程的再思考和监控”。

比如，我们每天都在学习和思考，但是许多人并不会过多留意“我在思考什么”“我是如何思考的”等问题。不过，也有些人有一种习惯，那就是经常会留意“我在想什么”“我是怎么想的”，所以这部分人常常会思考自己对待某个事情的思考逻辑，他们的元认知能力会更强一些。

“哦，我原来（正在）是这么想的……”

“嗯？我这么想难道是不对的吗？”

“啊！我应该这么想才对……”

再举一个看电影的例子，有些人的情绪会跟着电影情节的起伏变化而变化，但有些人在看电影时，会不断思考自己的感受从何而来。比如，他当时的感受是什么？为什么他会有那样的感受？是哪个情节触发了他那样的感受？

因此，这种用“跳出自己”的视角来观察自己思维过程的状态，就是在动用我们的元认知能力。

通俗地讲，我们平时看电影、学习、工作或者干某一件事，都是我们对外界认知的过程，所以我们一方面每天在进行学习、思考等方面的认知行为，另一方面，我们的身体里其实还有一个“监工”，只不过是自己监督自己。

这里为什么要讲元认知呢？因为元认知和思维能力之间存在着紧密的关系。元认知对我们来说有什么实质性的作用吗？监控自己的行为和思考，又有什么意义呢？现有的研究证明，元认知对于促进“问题解决过程”有着非常积极且独立的作用。

有国外研究者进行了一场证明实验。他把学生分成几个组进行对比分析，其中一些学生具有高元认知能力，另一些学生具有低元认知能力，他让这些学生同时解决钟摆和液体混合问题。结果发现，不管学生的其他能力怎么样，那些拥有高元认知能力的学生总会取得比拥有低元认知能力的学生更好的成绩。

这个结果说明什么呢？那些时常能够“监控”自己所思、所想的学生，那些拥有“回顾”“反思”习惯的学生，在问题解决方面的能力更胜一筹。

这项研究也给后来的教育实践带来了很多启发。如果我们能够更多训练学生的元认知能力，就可以打开学生“监控自我”的阀门，启发学生多感知自己的学习和思考过程，从而提高他们的思维能力，最终提高他们的问题解决能力。

在一项针对小学生的思维课程训练的实验中，研究者发现，元认知能力的发展水平是学生创新思维能力和学习能力的重要标志。

由此看来，元认知与创新思维之间存在一定的影响关系。而创新思维恰恰是问题解决思维的一种高级形式，是创造性解决问题能力的一种体现和核心要素。如果能有意识地激发或提升元认知能力，长期来说就能够促进问题解决能力和创新力生根发芽。

时常觉察自己的元认知，可以倒推和梳理自我的逻辑思维过程，从而让自己变得头脑清醒，按照一定的逻辑思维积极地解决问题。如果能长期这样觉察自己的思维过程，并不断地去训练这个觉察过程，就能够训练元认知能力。

比如，我常常在想到一个解决问题的方法时，会马上沿着以下思路回忆：

我为什么会想到这个方法？

我想到这个方法的过程中，经历了哪些步骤？

我最开始发现了什么问题呢？

我接下来又一步步剖析和发现了哪些新问题呢？

哪些问题是核心问题，是它引领我找到最终解决方案的吗？

这个过程我觉得很有趣。在监控自己的思考过程中，我会发现生活中许多问题，都可以沿着这一条路径去找到好方法。

因此，我们可以利用元认知去时刻捕捉自己的逻辑思维脉络，去训练自己的逻辑思考能力。

接下来，我们开始思考一个新的问题：如果通过类似元认知的方法，去捕捉和研究那些问题解决专家、创新者、发明者的逻辑思维过程，通过对比和分析，是不是就可以挖掘出具有普遍意义的问题解决思维逻辑脉络呢？

关于这一点，美国作家沃伦·贝格尔给出了扎实且有力的答案。贝格尔长期专注于研究世界范围内上百位领导型创新者、企业家和创新思想者。他对这些创新者、问题解决专家进行了大量的访谈，让他们重点回忆、思考和详细描述以下三个问题：

他们产生创新想法的过程是什么？

他们创办一个企业之初，经历了哪些思考过程，才最终有了原创想法的萌芽？

他们如何提出问题和解决问题？

贝格尔详细记录了这些人对自己思考过程的描述，通过对这些描述的分析和研究发现，问题解决者们拥有类似的特质和思考方式。比如，他们往往会提出“为什么”的问题，之后会提出“假设……会怎样”的问题，最后提出“怎样解决……”问题。他们均是通过一系列逻辑思维过程，不断追寻解决问题的答案，最终找到创新方案的。

贝格尔通过对大量企业领袖的研究，找到了问题解决专家或创新者内在普遍的提问方式。

表面上看，贝格尔在研究过程中采用的主要方法是经验总结法。通过对大量问题解决专家的创新活动过程进行归纳和分析，从而让这些总结变得系统化、理论化，最终变成一种可以进行推广的经验性的方法（经验总结法会根据已经发生的结果追溯其原因，它在包括教育等许多研究领域都发挥了重要作用）。

实质上，贝格尔让企业领袖回忆、思考和详细描述自己在整个创新过程中的思维活动，其实就是让他们开启元认知的过程，让他们主动地觉察和梳理“自己的思考过程”，让他们通过再次回想的方法“监控自己的思考”。最后，让问题解决专家详细描述出“自己的思考过程”，就能实现对他们元认知过程的详细捕捉。

正是通过对企业领袖们元认知过程的捕捉，贝格尔梳理出他们在进行问题解决的系列活动中是如何利用“提问”这种方式的，从而总结出他们内在普遍的提问方式和逻辑，为更多人提供了“如何提问”的方法论。

五、问题解决思维逻辑图谱

借此机会，我们对贝格尔的大量研究案例材料重新进行了梳理，对问题解决专家的元认知过程再次进行了细致分析，希望能够挖掘出他们的问题解决思维逻辑过程。

我们重点沿着以下问题对案例进行了分析：

问题解决者最初观察到了周围存在的什么现象？发现了什么样的问题？

问题解决者是如何找到众多问题中最核心的那个问题的？

问题解决者是如何围绕这个核心问题不断尝试找寻解决方案的？

问题解决者解决问题的方法和角度有多少呢？

问题解决者如何从多个解决方案中评估到最优的那个呢？

我们通过对问题解决者的元认知进行对比研究后发现，无论是哪个领域的问题解决者或创新者，他们得出最终的创新结果之前，都有过一系列的思维逻辑过程。这些思维过程遵循着相似的路线，就像马斯克和可汗一样。

比如，谁也不曾想到，全球民宿平台爱彼迎（Airbnb）的两个年轻创始人曾是连房租都支付不起的人。他们发现旧金山每年都会举办商业会议，但在此期间却有许多人订不到旅馆，于是两人开始不断提出问题和分析问题：为什么我们不能让订不到旅馆的人找一个地方睡觉？什么地方可以让他们睡一晚呢？我们自己的房子可以吗？

接下来，两个年轻人就真的把自己的充气床垫租出去了，获得的钱足够两人支付房租了。不过接下来他们又继续提出问题：除了出租屋内的床垫，我们还可以做什么？能不能提供更多服务让生意变好？能不能建立自己的网站，让更多人知道？于是，在一系列发现问题、分析问题、解决问题的过程中，爱彼迎成立了，并成为具有颠覆性创新的商业模式。

类似的，宝丽莱的创始人埃德温·兰德也是如此。他的创新也经历了不断提出和解决一系列问题的逻辑顺序和思维过程。从“为什么照片不能即时成像”这个问题开始，到“如果让照相机即时成像需要做哪些工作”，再到“怎样让这些想法切实落地”，兰德的思考方式经历着发现和提出问题、思考和解决问题、让解决方案不断优化和落地等过程。

从问题解决者的创新历程中，我们可以清晰地看到，正是相似的思维逻辑过程驱动着他们不断地前进，才最终达到创造性解决问题的目的。

通过研究，我总结绘制出了“问题解决思维逻辑图谱”。这个图谱是一种底层逻辑，体现了问题解决者的特质和精神内核，明确了创造性解决问题的思考路径和方法（图 1–3）。

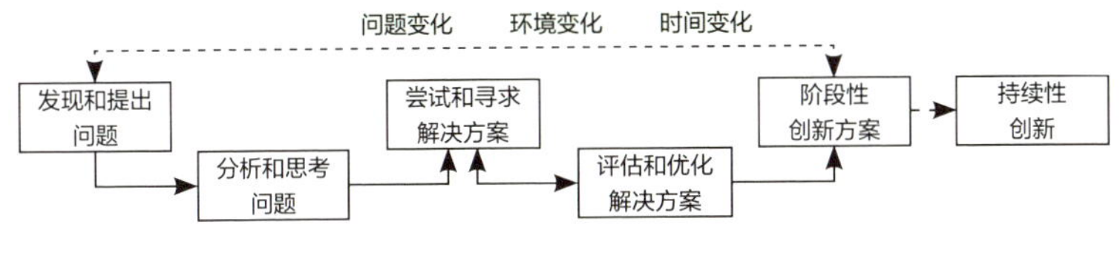

图 1–3　问题解决思维逻辑图谱

问题解决思维逻辑的起点往往都是从发现和提出问题开始，紧接着对问题进行分析和思考，通过分析和思考问题根源，不断尝试和寻求解决方案。寻求解决方案的过程通常并不是一帆风顺的，而是充满了多种可能性，大多数情况下需要进行多角度的尝试，才能初步找到相对合适的可选方案。然后，问题解决者会针对初步的可选方案进行评估和诊断，发现方案的缺点并不断优化。最后，在不断优化的过程中，最终找到创造性的问题解决方案。

六、问题与创新

我们现在经常会说创新，到底什么才是创新呢？创新就是发明了什么东西吗？

许多人把创新看作高高在上不可接近的东西，发明创造当然是创新，但如果把创新只看成发明创造，就未免太简单狭隘了。

通俗讲，创新其实就是一种解决问题的“最优”办法，创新的过程就是解决问题的过程。创新就在我们的身边，时时刻刻都在发生。

你想到一个别人没有想过的创意想法，是一种创新，是一种对当前方案的更新。你发现工作中出现的一个问题，并且找到解决当下问题的最好办法，也是一种创新。

你和孩子之间出现了亲子或家庭矛盾，你找到了解决这个矛盾的最优办法，这是一种创新。你看到社会上存在着某种现象，你为了解决这种社会需求而发明了一款产品，这也是一种创新。

因此，“你在……中发现了……问题，你通过……方式，最终找到解决这个问题的最优办法”，就是创新。

……可以代表任何场景、任何领域、任何问题。如此看来，生活、工作、研究中处处存在问题，也处处充满了人们解决问题的智慧和成果。创新无处不在。

尽管不是每个人都能够像那些问题解决专家一样，具备超强的问题解决能力和超高的创新特质，但每个人都可以在生活、工作的领域范围内，通过“找到解决当前某个问题”的“最优办法”而取得创新。

换句话来讲，如果你能够时刻觉知自己在家庭、生活和工作中的“问题解决”过程，并尝试练习和运用“问题解决思维逻辑图谱”来解决困惑问题，慢慢地，你将会成为“解决问题的高手”。你会不断提高自己的问题解决力和创新力，让问题解决思维变成自身的一种特质，内化到自己头脑中，最终让自己变成一个具有创新力和创新精神的人。

通过问题解决思维逻辑图谱，我们可以看到，创新没有终点，也不是一个固定不变的结果，问题解决是一个动态的过程。比如，你找到了某个问题的最优解决办法，在当下它也许是一种阶段性创新解决方案。随着时间的推移或周围环境的变化，之前的“最优解决办法”不一定是最优的了，它可能会出现新的问题，那怎么办？这时候，具有问题解决思维能力的人，会继续沿着问题解决思维逻辑图谱，再次发现和提出问题、分析和思考问题、尝试和寻求解决方案、评估和优化解决方案、达到新的阶段性创新。

所以，遵循问题解决思维逻辑图谱，就可以让我们在日常问题中获得持续性解决问题的能力，可以让我们从容面对周围的变化和新问题、新情况，从而能够不断地解决新问题。

从本质上讲，问题解决思维逻辑图谱是问题解决者或具有创新精神的人普遍拥有的创造性思考问题和解决问题的思维方式，也是一种方法论。

通过大量问题解决专家、问题解决者或创新者对自身解决问题过程的自述和回忆，我们捕捉到他们在解决问题活动中的元认知过程，通过解剖和梳理他们的思维过程，最终绘制出“问题解决思维逻辑图谱”。它可以指导我们在解决某个问题的过程中，有章法可循，有路径可参考。

于是，新的问题又在脑海中出现：如果我们用“问题解决思维逻辑图谱”长期训练一个人的元认知，这个人就会慢慢地逐步形成问题解决思维吗？

接下来新的问题来了：如何利用问题解决思维逻辑图谱去训练一个人的元认知呢？如何通过训练元认知而提高一个人的问题解决能力呢？

这显然是个好问题，因为这是一个关系到方法论如何落地的问题。

通过对现有心理学研究进行梳理后发现，元认知包括两部分：一部分是对知识的认知，另一部分是对学习知识过程的监控（思考过程）。

也就是说，我们可以一方面让人学习某方面的知识，形成认知，另一方面又让学习者不断反思和回顾（监控）这个学习过程，这样就可以强化其知识的学习和思考过程，让思维得到训练，从而在某种程度上提高人的元认知能力。前面也讲了，研究已表明，高元认知能力和问题解决能力、创新力之间存在相关关系。

用更俗一点的话来说就是，利用问题解决者的问题解决思维逻辑方式去训练某个人，会提高这个人的元认知能力，从而提高这个人的问题解决能力和创新力，让这个人慢慢拥有问题解决思维逻辑。

整个过程如图 1–4 所示。

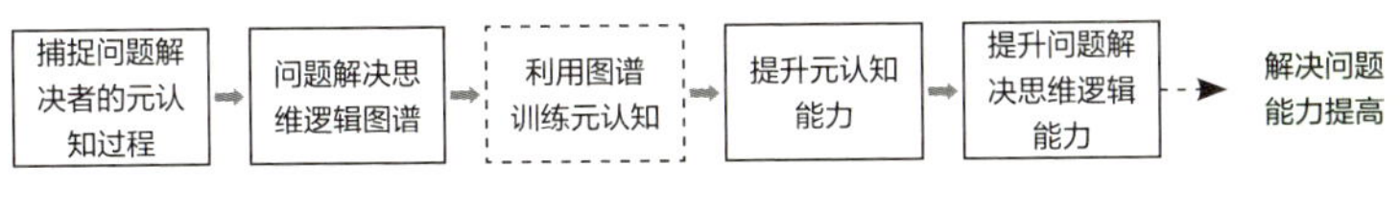

图 1–4　问题解决思维逻辑训练路径

七、实践训练

那么，该怎么做呢？如何实现这个目的呢？

于是，我们开始尝试“分析和思考”这个问题。比如，如果将问题解决思维逻辑图谱中的五大主体按照某种有趣的方式，不断地融入一个人的日常学习中，不断加深这个人对“发现和提出问题、分析和思考问题、尝试和解决问题、评估和优化解决方案”几个过程的认识，是不是就可以呢？

紧接着的问题是：该如何将问题解决思维逻辑图谱的几个主体过程以有趣的方式，融入日常学习中？

对于这个问题，我们开始“尝试和寻求解决方案”。2016 年，我们尝试开展一个儿童教育项目，希望通过实践不断寻求以上问题的答案。

在项目中，研究团队将“问题解决思维逻辑图谱”的主体过程植入儿童实践活动课程中，在活动课程的不同板块中流线型设计“如何启发儿童发现和提出问题”“如何引导儿童有针对性地分析和思考问题”“如何激发儿童对特定问题不断尝试和寻求解决方案”“如何引导儿童不断评估和优化解决方案”“如何激发儿童迸发出创新想法”。

研究团队在活动课程的设计中，首要考虑四个核心因素：一是活动内容的趣味性；二是活动内容设计与问题解决思维逻辑图谱流程统一起来；三是活动内容与生活实际问题相结合；四是活动内容的知识性与儿童认知水平统一起来。

首先，研究团队设计出涵盖不同领域的活动内容主题，比如“探讨生命”“有趣的材料”“色彩的秘密”“城市建筑艺术”“原始人生存工具”等多领域的有趣主题，并在有趣的主题活动中融入与儿童现有认知能力匹配的知识。现有研究表明，有趣是激发儿童参与某种活动的前提。在游戏化和趣味化的学习中，学生的好奇心和内在探索的动力会被最大程度激发，学生主动发现问题和解决问题的能动性会增强。因此，研究团队在活动课程中先通过趣味性的内容主题和内容环节设计，激发学生不断探寻的主动性。同时，与主题相关的知识经过趣味化处理，更容易被学生学习和吸收。研究人员希望在探寻式的学习中，扩大学生认知范围，提高学生的元认知水平。

其次，研究团队将问题解决思维逻辑图谱的流程与活动课程内容设计结合起来，将其贯穿在整个课程中，让学生在一个有趣的内容主题下，在真实场景中，不断发现和提出问题、分析和思考问题、尝试和寻求解决方案、评估和优化解决方案，最后激发学生创想出“最优”创新方案。在此过程中，学生在顺畅的课程思路引领下，跟随研究团队主动地去观察生活中某个有趣现象或者身边某个现实情况。随后研究团队会引导学生开展讨论并提出一个明确的、需要解决的问题。

再次，研究团队带学生一起讨论，激发他们分析和思考产生这个问题的原因可能是什么呢？在这个环节，学生的思维逐步被打开。通过讨论，学生们开始展开多角度的思考。既然问题的原因被发现，那么研究团队就会带领学生有意识地去探求各种可能的解决方法，学生可以提出任何想法，小组讨论进行头脑风暴，让更多元的、多角度的解决方案通过讨论产生出来。之后，让学生讨论现有众多方法的优点和缺点，以及改进的方法。

最后，研究团队激发学生根据所学内容，设计自己认为“最优”的方案或者激发学生产生能解决问题的创新想法。

研究团队希望通过问题解决思维逻辑图谱在不同内容主题的连续性植入，带领学生反复进行问题解决思维逻辑的潜移默化练习，以此提高学生的元认知水平，从而不断提升学生发现问题的能力、思考问题的能力和解决问题的能力。

以“有趣的设计”主题为例，我们沿着问题解决思维逻辑图谱设计了此次活动课程的内容。

1. 发现和提出问题阶段

我们让学生观察屋子里的桌子，并讨论这些桌子可能存在什么样的问题。在这个阶段，学生们提出各种问题，比如，桌子不美观，桌子不整齐。可是，这些问题可能都不是当下最紧要的问题。接下来，研究人员继续让学生观察有没有其他更重要的问题。这个时候，学生的观察视角开始打开，有人注意到了参差不齐的木质桌角，并提出这些桌子在教室中可能存在严重的安全隐患。通过这个过程，孩子们最终提出“该如何避免人们撞上桌角”的问题。

2. 分析和思考问题阶段

我们提出问题后，往往不能很快给出答案，尤其对于复杂的问题。此时，我们需要抽丝剥茧，分析和思考各种可能的原因。研究人员针对“如何避免人们撞上桌角”的问题带领学生分析背后存在的各种问题及其原因。比如，桌角到底存在哪些问题？为什么要避免撞上呢？

学生们开始讨论起来，有人说桌角太尖，容易不小心被扎到，所以要避免撞上；有人说桌角太硬，如果撞上去会很疼，所以要避免撞上。

在这个阶段，研究人员发现，学生分析和思考问题的角度开始打开，不再局限于眼睛看到的，他们开始挖掘更多肉眼看不到的实质性问题。

在研究人员的引领下，学生最终将问题聚焦在“怎么让桌角变得不尖锐""怎么让桌角'变软'"。

这个过程对于学生十分有益，因为他们的思维仿佛流动了起来，对提出问题变得更加敏锐。

3. 尝试和寻求解决方案阶段

现在，需要解决的问题已经十分清晰了。接下来研究人员便启发学生分别针对"怎么让桌角变得不尖锐""怎么让桌角'变软'"这两个问题展开讨论，开启头脑风暴，发散思维，并提出可能的解决方案。此时，研究人员会记录下学生头脑风暴产生的各种解决方法。

有的学生提出，"可以把桌角变成弧形的"；有的提出"可以把不同的桌角都设计出凹槽，让桌子和桌子之间可以通过凹槽任意拼接，这样就不存在桌角尖锐的问题了，而且还可以随意摆放设计"；有的提出"在桌角上包裹软软的材料，就可以解决防撞问题了"；有的也从全新视角提出大胆想法："为什么不把桌子换成弹性材料呢？软软的桌子是不是会让人觉得更有吸引力呢？"

讨论还在持续，学生们意犹未尽。令研究人员感到十分惊喜的是，他们就像打开了创意的水龙头，源源不断的解决方法从中流淌出来。

4. 评估和优化解决方案阶段

尽管提出了这么多有趣的解决方案，其中不乏天马行空的想法。然而，每一个想法该如何落地呢？因此，研究人员在这个环节的活动课程设计中，需要引导学生讨论和评估当下所有想法的优点和缺点是什么，哪些是可行的，哪些是目前无法实现但值得鼓励的。

这个引领过程对孩子来说十分重要。因为，评估一件事其实需要调动人的批判思维和思考能力。能从客观角度批判他人和自己的想法，就是一种辩证的过程。

评估开始了，有的学生直指他人方案的不足，但并不能提出改进意见。有的学生会对比他人的方案和自己的方案，通过对比彰显自己的方案的优秀。也有的学生开始提出更优化的方法，比如，“把桌子换成弹性材料，虽然很有趣，但是会影响实际使用，花的钱也多。如果能把桌子角换成软软的弹性材料，就会花钱少，还防撞”。

课堂上的讨论一度陷入“混乱”的状态，就像那句名言一样，“真理越辩越明”，更好的方案逐渐在讨论中慢慢水落石出。

研究人员通过流程图和思维导图记录下学生讨论的过程，并且记录下方案评估的进展。

5. 阶段性创新解决方案诞生

通过大量时间的讨论和评估，切实可行的、成本较低的、能解决问题的“最优方案”形成了。研究人员引导学生，画出或写出“优化后”的方案。最终，学生们设计出了各种“有趣的防撞桌”。

“高弹防撞桌角——套在桌角上弹弹的”“搞怪防撞提醒玩偶——靠近桌角一声喵叫”“可折叠桌角——桌子可随意变形还防撞”等具有一定创新性的解决方案呱呱落地。

最后，研究人员鼓励学生向大家展示自己的设计方案并描述自己的思维过程。回顾和反思学习过程，也是训练元认知的方法之一。

在“有趣的设计”这个主题活动课程中，研究人员最重要工作是，把问题解决思维逻辑图谱的几个过程通过清晰明确的语言和引导设计，带动学生沿着这个逻辑在图谱上不断前进，记录每个阶段学生的状态以及产生的问题和想法，引导他们发现生活实际问题并最终解决这些问题。

令人欣喜的是，在一次又一次的不同主题活动课程中，沿着问题解决思维逻辑图谱的路线，学生们的思维状态变得越来越活跃。

实践项目的结果从一定程度说明，我们在生活、工作和学习中遇到问题或困惑时，可以沿着问题解决思维逻辑图谱不断地刻意练习，让自己在学习中不断提高元认知能力，从而提高自己解决实际问题的能力。

通过监测我们发现，即便是儿童，也可以通过问题解决思维逻辑图谱的练习，提高解决问题的能力。问题解决能力和创新力可以一点点被培养起来。

研究人员将监测指标分解为6个主要部分：观察、思考、提问、行动、发散、探究。经过大约40次的练习，6个指标的数据均呈现不同程度的上升趋势。

在问题解决思维逻辑图谱的流程中，一个最重要的工具便是“提问”。它像一张有力的网，横贯了问题解决思维逻辑图谱的整个过程。如果没有它的协助，我们很难顺畅完成解决问题甚至创新的流程。换句话说，有了它的自如运用，整个问题解决流程会变得畅通无阻，解决问题会变得更轻松。

那么，有了问题解决思维逻辑图谱，你就一定可以解决问题甚至创新了吗？就可以拥有问题解决的精神内核了吗？答案是否定的。当我们拿到问题解决思维逻辑图谱后，还需要做一个重要工作，那就是“刻意练习”。通过特定的方法不断练习，才能让问题解决思维方式逐渐形成，让自己慢慢成为一个善于发现和提出问题，善于分析和思考问题，善于寻求多角度、多方位解决问题的人。

第二章

发现真问题——拆解式六连环模型

一、真问题到底是什么

如果我问你，问题解决思维逻辑图谱流程的五个环节哪个最重要？你会选择哪个呢？多数人会毫不犹豫地回答：当然是解决问题更重要啦！

很多人在学习中一味地追求正确答案或标准答案，从而慢慢丧失了探求“问题根源”的能力。寻求答案成为其最紧迫的目标。长此以往当面对混乱的局面时，就会像热锅上的蚂蚁，焦急万分不停地问自己、问别人“我该怎么办？”。

但是，越是急切地想找到解决方案，答案似乎就离你越远。因为，你只盯着“怎么办”，却不知道问题到底出在哪儿，所以给出的解决办法或答案都无法解决根本性问题。

此时，你可以尝试放松下来，向自己提出一个问题：“问题究竟出在哪儿呢？问题到底是什么？”

一旦你提出这个问题，就意味着你已经进入问题解决思维逻辑图谱的第一个阶段：发现和提出问题。

当进入发现和提出问题的阶段时，你就像一个黑暗中的探险家，找到“问题所在”就能找到方向。这要比直接解决

“我该怎么办”更重要。

在大学的课堂上，学生在老师的带领下都会开展不同的研究项目。对于学生来说最困难的事就是，拿到一个项目时不知如何下手。这时，问题解决思维逻辑图谱就成了最重要的引导工具。教师首先要做的事就是，引导学生“发现和提出问题”。

说起来容易，做起来却很难。因为，发现和提出问题是一个艰难的过程。而且，对于很多成年的大学生来说，他们已经习惯了直接“寻求答案”。他们希望老师能够给出明确的指令，告诉自己“到底该怎么做”。一旦让他们自己去发现和提出项目的问题，他们就好像变成了无头苍蝇。

在研究项目开展之前，我总是不厌其烦地询问学生一个问题：在我们的研究流程中，到底哪个环节是最重要的呢？

几乎 99% 的学生都会选择“执行方案”（解决问题）最重要，只有零星的几个人会告诉我“发现和明确问题”最重要。然而，即便是这 1% 的人，他们也没有那么坚定。看到大多数人跟自己的答案不一样时，他们会左顾右盼，流露出一点不好意思和不确信，就好像自己犯了很大的错误。

这时，我通常会看向少数派，并给予他们肯定：“是的，只有你们看到了最重要的东西，的确是发现问题最重要。”

在一次有关某个品牌策划项目研讨会上，有位学生和我说：“我们小组试过了，但好像没什么用。我们想到的依然是各种各样的活动方案，很散乱，不知道这些方案到底对这个项目有没有真正的用途。也许是因为我们仍然不能发现和明确这个项目最核心和最紧要的问题，所以我们提出的任何方案都不那么贴切。”接下来，我开始通过一系列提问，引导他们梳理出困惑的根源。

我：“当你们拿到这个项目时，你们的第一反应是什么呢？”

学生：“我们的第一反应是要解决问题，于是我们开始分头行动，每个人都要思考几个活动方案。”

我：“然后呢？你们做了什么？”

学生：“我们几个人都开始描述自己的方案，尽力说明自己的方案有多么好，然后想投票决定出我们认为比较好的活动方案。但是每个活动方案好像都不错，但又都缺点什么。”

我：“那你们觉得，你们的活动方案到底缺什么呢？”

学生：“……”

我：“如果单独看你们的活动方案，的确都算是不错的设计，但是你们的方案到底要解决的问题是什么呢？”

学生向我一一描述了他们设计的活动方案希望解决什么问题。我对他们继续展开追问。

我：“这个项目中，品牌方面临的真的是这个问题吗？如果不是的话，那品牌方面临的最核心问题是什么呢？想想这个问题。这可能就是你们的方案缺少的东西。”

学生们顿时恍然大悟：“对呀，品牌方面临的最核心问题到底是什么呢？我们的确没有仔细想过这个问题。”

我的引导并未停止。因为，我的目的并非只是让他们意识到自身的问题所在，而是要帮助他们学会“发现和提出问题”的方法。

我:“你们急于想知道‘我该怎么办’，却没有去思考‘问题到底在哪里’。如果没有发现和明确问题是什么，又该怎么精准地解决问题呢？即便你们给出的答案很完美，但它们都不是最合适的那个。那么，从现在开始，我们再回到原点。我们一起讨论和研究，这个项目中的品牌方面临的真正问题到底是什么。”

让学生意识到“发现问题”的重要性是十分必要的。尽管发现和提出问题的时间较为漫长，中间要经历大量的调研、思考、讨论、分析，但这一切都是值得的。因为，一旦真正的问题明确了，创新思维图谱后续的各个环节的大门就会被轻松地打开。

在与学生开展完那次研讨后，我带着他们花费了三周的时间对项目展开调查研究，抽丝剥茧，剖析和梳理我们要帮助品牌方解决的“问题到底是什么”，最终学生团队发现并提出了“清晰且明确的问题清单”。

接下来，沿着问题解决思维逻辑图谱，各个团队针对明确的问题清单，制订和策划品牌方案。之后，进行团队展示和竞选方案，最终，那个最优方案获得了项目方的肯定和采纳。

你急于寻找解决办法时，往往会急躁且六神无主，甚至会忙忙碌碌但无功而返。这时，我们需要镇静下来，少问自己“我该怎么办”，多问自己“问题到底是什么”。因为，发现问题比解决问题更重要。更准确地说，发现真正的问题无比重要。永远不要急于解决“错误”的问题，因为越解决越偏离初衷。

“发现问题”的能力在解决教育问题及家庭矛盾时，也会彰显出无穷的魅力。当我们试图解决工作中的问题、生活中的问题、学习中的问题时，只要我们希望解决这些问题，就意味着我们非常有必要沿着问题解决思维逻辑图谱一步步行走，并最终找到那个最优的解决方案。所以，学会“发现问题”就是重中之重了。

不先考虑“发现问题”，忙于无目的地“解决问题”，急切地想知道“该怎么办”，这种现象在家庭问题中也时常出现。

一天，一位孩子刚上小学一年级的妈妈找到我。她显得很焦虑无助，因为她遇到了对她来说已经无法解决的问题。她说，自己的孩子在学校总是喜欢拿别人的东西，她最早注意到这个问题时，对孩子进行了批评教育，并告诫孩子“拿别人东西”是不好的行为。但是，她的告诫并未起到作用，在此后的半年时间里，孩子会持续地重复这种行为。她感到很焦躁，觉得孩子不可理喻，甚至用暴力行为和暴力语言对孩子一遍又一遍地教育。最近一次，当学校老师再次找到她反映类似事件时，她彻底崩溃了，陷入了绝境。

当她向我描述事情经过时，我注意到一个很明显的问题：在长达半年多的时间里，这位母亲在孩子每次“拿东西”行为出现时，她都在积极地“解决问题”。她的解决方式是：讲道理、训斥，甚至气急败坏地打孩子。在她看来，当“问题”出现时，她在思考“我该怎么办”，而且也在“想办法”解决。但结果是，她的解决方法似乎并没有奏效，反而让孩子的问题变得更加严重。

我让她安静下来，并且跟她展开一系列的对话。我希望通过提问的方式，帮她梳理出“问题到底是什么”，并且想让她意识到先“发现孩子真正的问题”远比着急寻找“解决方法”重要。

我：“先不要着急，我们一点一点来梳理，孩子真正的问题是什么。表面看来，孩子似乎是无法控制自己。你觉得孩子拿别人东西是因为他平时缺少这些玩具或文具吗？因为缺少，所以想在别的地方获取？”

她：“他一点都不缺，家里什么都有。而且我也跟他说了，他想要什么跟我讲，我都会给他买。”

我：“所以，孩子拿别人东西并非因为自己缺少这个东西。‘拿别人的东西’只是一个表面上的问题，一定还有深层的问题你没有看到。你有没有跟孩子谈过心，他心里到底是怎么考虑的？比如，拿别人东西的时候，他心里在想什么呢？”

她：“我跟他聊了，他也说不出什么原因，就说无法控制自己。”

我：“据你了解，他在学校遇到什么人际关系问题了吗？比如，和同学吵架，对同学不满，希望通过这种方式来报复，缓解心里的压力？”

她：“应该没有吧。我没跟他聊过这个问题，不是很了解。平时他回家之后，我忙着照顾他的妹妹，除了写作业时我会督促一下，其他时间跟他聊得很少。他的爸爸回来很晚，回来后孩子都睡觉了。”

沟通到这里时，我似乎已经找到问题的线索了。孩子的问题来自其内心深层次的某个潜藏问题。这个问题导致孩子做出“拿别人东西”这样的行为。对于这个年龄的孩子，他们还无法准确表达出内心的想法。成年人应花时间通过孩子的行为和周围环境去发现问题到底是什么。我的提问继续，并且有了更加明确的方向。

我：“首先，我们来排除一下孩子在学校是否遇到了不可言说的遭遇？是否是这种遭遇导致他产生了这样的心理？是否是这样的心理驱使他做出这种行为？每一种行为背后，一定有某种心理在驱使。那我们该怎么排除呢？我觉得你该跟他来一次深层次的沟通。”

她：“你说得对，我确实很少过问他在学校的事情。今晚我要跟他心平气和地聊一聊。”

我：“当然，这是我们发现问题的良好开端。另外，你觉得孩子出现这种情况，是不是也是他在心理上缺失了某种东西呢？他似乎想要通过这种方式来获得安全感。”

她：“比如说呢？”

我：“比如，你和孩子爸爸有多久没有真正陪过他了？有多久没有和他有过深层次的沟通了？你知道他心里在想什么、需要什么吗？”

妈妈的眼圈突然红了。她就像一个鼓着气的皮球突然瘪了。

她：“我已经有半年多没好好陪他了，也没聊过他在学校到底过得怎么样，有什么样的经历，在学习上遇到了什么困难。不知道孩子心里在想什么，不知道他需要什么。我确实忽略了他，只顾着照顾妹妹。我应该把精力和目光多放在老大身上，之前确实没意识到这个问题。”

她能意识到这个问题和目前的家庭状态，就离我们发现孩子真正问题的距离不远了。孩子表现出来的问题，并非真正的根源性问题，如果只是抓着孩子的表面问题去找“解决方法”，最后的结果只能是越来越糟糕。

我们的谈话还在继续。我的提问更加聚焦，问题分析得也更加透彻。

我：“所以，现在我们提出另一个问题的可能性，孩子做出这种行为是不是因为缺少了父母的陪伴，他内心对爱的需求没有得到满足？”

她无言以对。

孩子缺失关爱，且内心的感受经常被父母无意识地忽略。也就是说，父母和孩子间缺少真正有效的沟通和了解。只有真正的沟通和了解，才能让父母感知到孩子的心理和情绪并能及时给予孩子关注。只有真正的沟通和了解，才能让孩子感受到爱在身边，才能让他们抒发和缓解内心的情绪，打开心扉。

当缺失的需求被满足时，孩子才会有安全感，有了安全感，孩子就不会用其他行为（比如拿别人东西）去弥补这种缺失了。

我说："现在我们找到了真正的问题。接下来我们可以一起聊一聊该怎么办？"

我们两人的聊天接近3小时，我不断带她一点一点地分析原因，"该怎么做"的解决方法也一条一条地按步骤被梳理了出来。

她的状态和语气开始平和起来，似乎找到了钥匙。她说："我本以为自己到了绝境，现在突然感觉打开了一扇门，我非常明确地知道我该怎么做了。我意识到了真正的问题所在，无论如何从今天开始我都要努力尝试去改变现状了。"

后来她告诉我，那些解决方法非常奏效，孩子也和她重新建立了亲密感和信任关系。当发现孩子的新问题时，她不再用呵斥的方式去粗暴地沟通问题，而是先尝试发现"问题到底是什么"，接下来会认真地观察孩子的反应和状态，感受孩子的情绪和想法。她说，很神奇的是，她给孩子的建议很容易地被孩子接受了。

是的，发现问题并能准确提出来是一种让人“醍醐灌顶”的感受，可能在有些情况下，还会让人感觉到一种幸福的力量。就像那位妈妈一样，发现真正的问题就如绝境中突然有一扇门打开了。接下来的问题解决思维逻辑会让人内心坚定地走下去。

二、如何拨云见日，发现和提出真问题

无论是我做研究项目的学生，还是那位因孩子问题而焦虑的妈妈，他们最初六神无主的原因是没有“发现真正的问题”，而只是看到了表象，并且将表象误以为是“问题”。导致他们做的努力越多，就会在错误的方向上跑得越远，最后只能以难以把控局面的焦虑收场。

我们很多时候看到的只是浮于表面的问题，往往并不是“真的”要害问题。如果看到了什么表象，急于遏制表象问题，我们的双眼就会被蒙蔽，我们就无法洞察到本质问题。最后可能就变成，你看到东边有动静，就往东边跑，看到西边有动静，就往西边跑，手忙脚乱地去按压各种状况，疲惫不堪，结果是“按下葫芦又起瓢”，并没有解决问题。

这让我想到了一种儿时经常玩的游戏——打地鼠。我们拿着锤子，看见地鼠从哪里冒出来就去敲打哪里，打来打去却

打不中地鼠，最后输了游戏。

在一次家庭教育分享会上，有位爸爸坐在角落，全程沉默。分享会结束后，他走到我身边用非常诚恳的语气跟我说："我想跟您聊一下我儿子的情况。他今年上初中一年级，不爱学习，成绩很差。我尝试了很多方法，但结果好像更糟糕，他更讨厌学习了。我现在已经没有办法再和他建立沟通了。"

我感受到了这位父亲的惆怅，他用低沉的语气故作镇静，似乎在尽力掩饰内心的彷徨与不安。这个时候，我很清楚，"有个问题"被隐藏了，正等着我们去发现。

我注意到，他在描述自己儿子的情况时，用了一个标签来形容孩子："不爱学习"。他给出的逻辑是"不爱学习导致成绩很差"。我不赞成父母给孩子贴标签，但我想通过他的描述，建立起我们之间的对话。

对于我来说，再一次运用问题解决思维逻辑图谱的时候到了。我很清楚，一切要从"发现真正的问题"开始。现在，还是一片迷雾。我将通过提问，一点一点地发现问题。

我问："你现在的心情我很理解，刚才听到你说孩子不爱学习、成绩差，你都尝试了哪些方法来提高他的学习成绩呢？"

他："为了他的学习，我每天会早早下班。我为他设计了练习题，希望他能多练习、多训练，这样就可以举一反三，但他很排斥。有的时候，我很生气，忍不住会对他发脾气，给他讲人生的道理，告诉他不好好学习会有什么样的后果，但他听不进去。所以，我们之间的冲突越来越多。”

我:“我有个问题，无论是多做练习题还是讲道理，从你内心来讲，你希望解决什么问题呢？”

他:“那肯定是希望他意识到成绩差的严重性，让他好好学习，提高成绩呀。”面对我这个问题，这位爸爸似乎有点不理解，感觉我好像在明知故问。

我:“成绩不好，在我看来只是一个表象。他成绩不好的原因你认为是什么呢？”我希望我提出的问题能够让他意识到，真正的问题可能并非他看到的“不爱学习”这样简单。

他:“我觉得就是不爱学习。他很聪明，就是想玩。但现在我和他的沟通遇到了问题，孩子心里在想什么，我好像没办法真正明白。我也有些着急。”

我注意到，这位父亲在说孩子的情况时，给出了一个评判:“因为不爱学习、贪玩，导致成绩不好。”我问他:“这样的话，你有没有在孩子面前说过呢？”

他承认，有许多时候，他会在孩子面前说这样的话。他说，一看到孩子那样的状态，就忍不住这样批评他。

“当你说这样的话时，孩子是什么反应呢？”我希望他能给我更多细节的描述，描述一下孩子的状态、语气甚至动作。

“一开始时他很暴躁，还大声地哭，这就让我更生气。接下来我可能会更大声训斥起来，他也就不说什么了。”

“你觉得孩子为什么会有这样的反应？是因为受到批评很

委屈、是无理取闹，还是因为他觉得你说得不正确，他想辩解，或者是因为其他的？”

他一时不知道如何回答。我继续追问下去：“当你在孩子面前说他就是贪玩、不爱学习时，有没有听过他的真实想法？或者有没有给过他表达想法的机会？”

他突然怔住了，好像从未想过我连续提出的这几个问题。的确，他说自己没有想过这些。在那一刻，他只觉得自己很恼火而已。

是的，我们在遇到问题时，往往会一股脑地把自己的想法和盘托出地塞给对方，或者把自己的情绪倾泻给对方，完全没有想过“对方此时在想什么，感受如何”，也没有给对方机会去表达“他的真实感受”。此时，沟通的桥梁就会坍塌。

于是，事情就变成了，强势一方在自说自话，认为自己句句在理，甚至在尽情地发泄，弱势一方因为担心再一次受到“伤害”从而选择“闭嘴”。弱势一方的真实想法会被进一步压抑，双方的真正有效沟通的通道会被关闭。弱势一方越来越难开启新的对话，对双边沟通效果和不对等状态变得失望，变得“不想辩解”或“不想说”，最后会导致双方的隔阂和矛盾越来越深。

正常情况下，面对这个问题时，强势方和弱势方都可以通过“沟通方式”和“表达方式”的变化来解决。比如，我们可以鼓励弱势方“勇敢说出自己最真实的想法和感受”，或者让强势方意识到“自己的方式存在问题”，通过这些尝试，让双方重新建立沟通关系。

我意识到，在家庭里的沟通关系中，如果强势方是父母，弱势方是孩子，那么平等的沟通重启较为困难。因为，孩子无法像成年人那样去准确表达自己的想法，也无法有足够的勇气“勇敢说出最真实的想法和感受”，他们显得那样渺小和无力。

因此，当家庭遇到沟通问题时，真正的症结问题在父母身上，在于父母（强势方）是否意识到“自己的方式存在问题”并有意愿“做出改变”。

通过不断提问和分析，我逐步发现了一个重要的问题：这位爸爸在和孩子的沟通方面首先出了问题，准确地说是他的沟通方式和表达方式出现了问题。

在我的问题解决思维逻辑图谱中，“发现和提出问题”的第一道门正在打开。我提出的第一个明确问题是“如何让这位父亲跟孩子重新建立对话和沟通呢”，如果这个问题再进一步的话，就是“如何让这位父亲意识到自己的沟通方式和表达方式有问题”。

只有找到真正的问题，才能知道孩子内心的困惑是什么，从而解决这位父亲忧虑的问题——“如何让孩子学习有进步？”。

我要帮助这位父亲先意识并发现第一个问题的存在，让他随我一起走进问题解决思维逻辑图谱。

我们的对话继续进行。

“我们用自己的感觉去评判一个人的时候，往往会被这个人排斥。因为，戴着有色眼镜做出的判断可能并非对方的真实情况，那么对方就会天然地产生对抗心理，导致双方沟通陷入僵局，甚至产生更激烈的冲突。所以，当你对孩子说他就是爱玩、不爱学习导致成绩差的时候，是你在没有了解他真实困境的情况下，带着评判开展的沟通。什么是‘爱或不爱学习’？他都没有机会表达真正的感受，最后你们陷入不断重复的沟通僵局。”

他频频点头，似乎已经接纳了我的说法。“所以，我们现在面临的第一个问题是如何跟孩子重新建立对话和沟通，对吗？”我问道。他笑了笑回答：“是的。现在沟通这件事，让我真的很头疼。”我也趁热打铁：“如果把重建沟通和对话再换成一个更明确的问题的话，那就是如何改变你的沟通方式和表达方式，对吧？”

这些问题让他焦虑许久了，他希望做出尝试和改变，他同意我的看法。

接下来，我与他分享了几种重建沟通的提问逻辑清单，比如“观察 – 提问 – 描述 – 感受 – 提问”。

其中“观察 – 提问”是指，让他先观察孩子的状态，并根据自己观察到的现象进行提问。这里需要注意的是，观察得是客观的，不能带有任何偏见或猜测，只能针对观察到的结果进行提问。

下面我们先来做个简单示范。

观察：看到孩子写作业时在愣神（客观的观察）。

提问："你是在思考某个问题吗？或者你遇到了什么困难吗？"（只针对观察到的结果进行提问。通过客观的、不加评论的提问，让孩子能描述出自己的状态或意识到自己的状态）。

描述（孩子的描述有多种可能）：a."我在想某个题，但是它有点难"；b."好吧，我刚才走神儿了（一般情况下，孩子不会愿意承认自己走神了）。"当然，可能还有其他多种情况。

感受和提问（站在孩子角度理解他的感受和需要）：

a."我刚看了这道题，对你来说可能有点难（让孩子感受到你理解他），你可能需要我的帮助（表达他可能的需要），愿意让我看看这道题吗？"如果他真的遇到了困难，相信你用这样的方式表达，他会非常乐意接受你的帮助。

b."我小的时候写作业时也经常走神，想各种好玩的事情（与他共鸣）。不过走神的时候一不小心就会过去很长时间（表达后果），你需不需要我提醒你呢？（了解他的感受和需要）"如果孩子需要提醒，那你可以说"很高兴为你服务"，如果他不需要提醒，你可以继续提问："你觉得怎么样的提醒，你比较喜欢？（了解他的需求）。"

这个事例中提到的"观察－提问－描述－感受－提问"系列过程，可以帮助我们与他人建立连接和共鸣。这个过程可以让他人感受被尊重。当他人感受到自己被尊重时，他们更容易接受我们的建议。

我们通过不妄加评论的观察、提问来了解和挖掘对方的真实感受和需要，了解对方面临的或需要帮助的问题是什么。“提问”在这里起到的是穿针引线的作用，提问的目的是挖掘出真正的问题，并找到解决方案。

我提醒这位父亲回家后按照上面的提问逻辑清单的思路去练习，“不带评判”地与孩子建立对话关系，通过客观中立的“观察－提问”入手，让孩子说出内心的状态，从而找到孩子在学习和生活中遇到的困惑，最终解决“如何让孩子学习有进步（有目标）”这个最核心的问题。

几周后，他很高兴地告诉我，他明白了孩子的真正问题并非他之前想的“不爱学习和贪玩”，而是孩子在新的环境中遇到了学习困难。孩子遇到困难时，没有发出求助信号，他也只是给孩子心理施压，没有帮孩子一起面对和解决困难。孩子觉得困难越来越大，已远远超过自己的能力范围，从而对学习失去了信心和动力。现在，这位父亲已经找到了“问题的阀门”。他知道自己接下来该怎么制订计划，一点一点帮助孩子消除心理障碍，每天陪伴并帮助孩子取得一点点进步。

发现问题是走进问题解决思维逻辑最重要的环节。发现问题，是从 0 到 1 的问题，解决问题是从 1 到 n 的问题。如果没有发现问题（从 0 到 1）的过程，那么解决问题就会严重偏离轨道（就不存在从 1 到 n 的过程）。最重要的是，发现问题是打开思维并激发大脑探寻的过程，对于培养创造力来说尤为重要。

爱因斯坦对此做出过详细的描述："提出一个问题往往比解决一个问题更为重要，因为解决一个问题也许只是一个数学上或实验上的技巧问题，而提出新的问题、新的可能性，从新的角度看旧问题，却需要创造性的想象力。"

在管理学中有一个著名的吉德林法则：只有先认清问题，才能更好地解决问题，能把难题清清楚楚地写下来，问题就已经被解决一半了。这个法则是由美国通用汽车公司管理顾问查尔斯·吉德林提出的。他利用吉德林法则帮助通用汽车公司发现和解决了很多问题。他坚持认为"发现问题比解决问题更重要"。

在一次有关某个矿泉水品牌的项目调研会上，学生们迫不及待地设计出问卷问题让我修改。我看到这些问卷问题时就意识到他们的方向走偏了。他们还没有搞明白，到底哪些问题才是值得调研的问题（核心问题）。他们设计了很多问题，但这些问题都不是真正的问题。结果可能是，花费了大量的时间去调研，收集回来的数据却没有价值。

于是我和学生展开了如下对话。

我提出第一个问题："你们认为，这个矿泉水品牌目前面临的核心问题是什么？"

学生A："可能是宣传方面出了问题。"

学生 B:“可能是产品出了问题。”

我进一步提问:“如果你们通过分析发现是宣传方面出了问题，你认为现在这份问卷的问题是否能挖掘出你们想要的信息？或者如果你们认为是产品出了问题，你们认为这份问卷的问题是否能挖掘出你们想要的信息？”

接下来，学生们重新审视了自己“精心”设计的问卷，发现这些“问题”确实都是在浪费时间。

“所以，如果在没搞明白我们需要调查的问题到底是什么时，你们做得越多，越不利于解决问题，甚至会南辕北辙，导致浪费更多的时间。在没有发现问题之前，急于去解决问题，这可并不是一件好事。”听了我的引导，他们似乎已经能够理解了。

我趁热打铁，问道:“那么，我们首先要做的事情是什么呢？”学生们开始陷入沉思。在我的引导下，接下来，学生们花费了两周时间去了解和剖析这个品牌的历史、理念、产品特征、过往宣传重点等信息，逐步梳理出了在当前情况下，这个矿泉水品牌面临的最紧迫且核心的问题。

或许发现核心问题的过程是漫长的，不过一旦找到了核心问题，解决问题就有了非常清晰且明确的方向，整体的解决速度也会快起来。如果问题解决思维逻辑是一棵大树，那么“发现问题”就像是大树的根。根基稳定时，大树向上的生长力才会更强。

学生们接下来针对这个矿泉水品牌的核心问题进行了调查问卷设计，这个过程只花费了他们一天的时间。他们的调查问卷题目设计合理，能够快速高效地挖掘到想要的核心信息。

斯图尔特·法尔斯坦是哥伦比亚大学生物系教授，致力于研究哺乳动物的嗅觉神经元。他在课堂上带领学生探索神经系统科学的奥妙，在课外，常年为美国新闻博客网站《赫芬顿邮报》及《连线》《科学美国人》等杂志撰稿，为公众普及科学知识。

他的畅销书《无知：如何驱动科学》中有这样一段论述："发现一个好问题能激发出不同层面的答案，能鼓舞我们用很长的时间去寻找解决方案，能衍生出全新的研究领域，但是标准答案却会终结这一切。"当我们认识到自身对一些事物一无所知时，内心探索的驱动力会被激发，因此发现问题可以指引我们获得新发现。

他将科学探索比喻成在黑屋子里寻找黑猫，科学家的任务便是利用现有知识发现并提出问题，通过这个问题去探索"黑猫"在哪里。黑猫或许是不存在的，但通过问题去探索的过程是精妙无比的。

邓肯·霍尔丹是 2016 年的诺贝尔物理学奖得主，在接受记者的采访时，他坦诚地表示，他在物质拓扑阶段领域取得的成绩得益于他对"发现问题"的执念。他同样认为，发现问题比解决问题更重要。科学最重要的是发现问题，而非解决问题。

该怎么去发现问题呢？对于这个问题，没有什么人能给出明确的方法。那个“真”问题，那个“本质”问题，到底在哪儿呢？

这是个好问题。真正的本质问题就像隐藏在迷雾中的一条道路入口，往往非常隐蔽，难以被发现。我们看到的乱象丛生，多数就像这迷雾，它们看起来是问题，却不是真正的问题。

在问题解决思维逻辑图谱中，第一个便是“发现和提出问题”。这里的“发现和提出问题”更确切地说应该是发现和提出“真问题”。真问题就是藏在深处的“核心”问题。

只有先发现真问题、核心问题，才可能分析和思考“真问题”，才能沿着目标方向尝试和寻求“真问题”的解决方案，最后找到最优解（创新）。

因此，我将问题解决思维逻辑图谱进行了更准确的描述（图 2–1）。

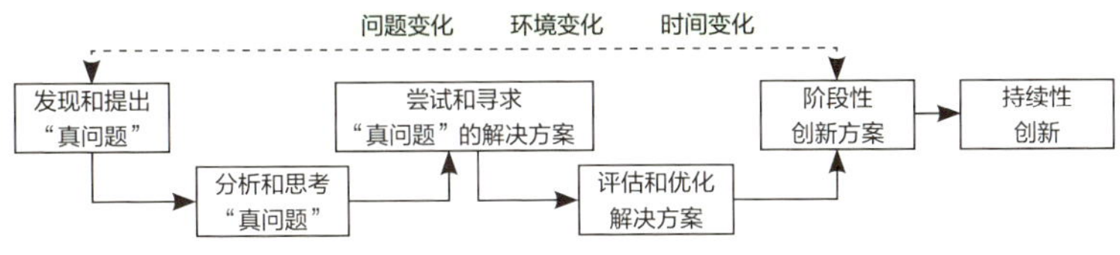

图 2–1　问题解决思维逻辑图谱升级版

在不同的领域，在事情的不同层面，解决问题的过程所需的时间长短也不同。有些事情，可能很快就可以沿着问题解决思维逻辑图谱找到最优解。有些事情，可能需要沿着这条图谱，经历长时间的探索过程，才能最终找到创新方案。

无论是在科学研究项目开展中，还是在家庭关系问题中，我发现，只要我们以“发现和提出真问题”为起点时，我们时刻都能进入问题解决思维逻辑图谱，这条线路十分神奇。不过，有些人经过训练可以很自如地运用，按图谱逐步解决问题。但有些人始终无法理解，彷徨地徘徊在外。

“发现和提出真问题”是起点，在整个图谱中占据了重要地位，这个过程多数情况下耗时比例较大。就如前面所说，真问题不易浮出水面，需要逐层拨开迷雾。

既然它如此重要，那我们该如何发现和提出真问题呢？

三、让思维流动起来

可能你已经注意到了，在启发学生在项目中发现真正要解决的问题时，在帮助焦虑的孩子父母梳理他们面临的真正问题时，我使用了一种方法。通过这种方法，我能很快地梳理和发现他们的“问题在哪里”。

它就像一把钥匙，不断地帮助我打开一扇又一扇门，最终带着我走向那个隐藏在最深处的门（真正的问题）。这把钥匙便是“提问”！

提问表面看起来是一件稀松平常的行为，实际却是一项高级且较难掌握的能力。原因就在于，提问的过程是一种思考的过程。我们提出一个问题之前，在大脑中已历经了分析、思考、对比等复杂过程。

那么，当我们提问时，我们的大脑会干吗呢？为什么提问可以帮助我们理清楚问题是什么呢？

当我们提出问题的时候，大脑会进入快速运转状态。我们的面部表情或许看似平静，大脑内部却经历着波涛汹涌般的运转。这种运转，就是“思考”。思考“为什么会这样”“为什么会那样”，思考“如何做决定”，思考“该怎样解决”，等等。所以，在我们提问时，就已经踏上思考的道路了。

比如，当你提出“为什么这件事推行不下去？”这个问题时，大脑就会开始思考和分析各种推行不下去的原因。当你提出“为什么我跟孩子沟通不了”这个问题时，大脑就会聚精会神地思考你跟孩子沟通不了的场面、沟通不了的经历，并且开始思考和分析沟通不了的各种影响因素和问题。接下来，你可能会继续提出“我和孩子沟通不了是 A 原因吗”“我和孩子沟通不了是 B 原因吗”等。通过这样的提问，你会继续思考和分析这些提问，在这个过程中会继续对比和剖析不同的原因，慢慢地，我们离“真正”的问题就越来越近了。

你会发现，不断地提问可以一步步推动我们的大脑思考事物之间的关系，思考问题与问题之间的联系，思考现象背后隐藏的信息，最后我们就能看清本质的问题到底是什么了。

因此，提问可以促进我们大脑的思考过程。当大脑快速运转时，我们就会进入“思维发散”的阶段。

比如，当你提出“我该怎么跟孩子 / 同事有效沟通”这个问题时，大脑会迅速进入思考“多种方案”的状态，会从不同的角度想出各种点子、各种有效的沟通方法。

显然，不断提问可以刺激大脑将思维打开，发散思维，从而让我们以更大视角，从更宽广的范围去思考问题，这样我们看到的问题或想到的解决方案自然会更多了。

提问，就好像是大脑的一种无形工具，可以让我们的大脑进行思考、发散思维。其实，提问既是促进大脑思考的催化器，也是大脑思考之结果。简单来讲，就是当你提出一个问题时，你的大脑一定是经历了或长或短的思考过程。同时，当你提出这个问题时，你的大脑并未休息，反而会紧锣密鼓地进行下一阶段“思考这个问题”的过程。通过“思考这个问题”，大脑可能会继续生出新提问，那么接下来它就会继续针对新提问展开新的思考，直到发现问题或者解决问题为止。

所以，提问和思考的关系，就像是一个内循环。越会提问，越会思考；越会思考，越会提问。甚至可以这么说，提问即思考，思考即提问。这样的结果就是，提问可以让大脑思维持续流动。

我发现，提问促进思考的流程会呈现图 2–2 所示的状态。

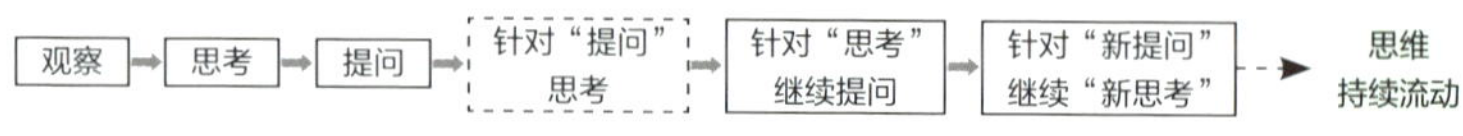

图 2–2　提问促进思考流程

在这个过程中，提问变成了一种促进思维打开的有力工具。

我们可以利用提问促思考流程，逐步发现和提出“真”问题，逐步分析和思考问题，尝试和寻求各种解决方案，最终发掘出“最优”的解决方案，从而达到创新的目的。

这样看来，提问促思考流程可以贯穿问题解决思维逻辑图谱的整个过程，它可以不断地促进问题解决思维逻辑图谱的各阶段向前推进。

四、“提问 – 问题解决”机制模型

那么，在提问促思考流程中，核心的元素又是什么呢?当然是提问。在这个流程中，提问，确切地说，就是有效的“提问方法”。通过有效的“提问方法”提出问题，我们不断地产生思考、产生思维的发散。至此，提问与思考之间的关系、提问与创新解决问题之间的关系渐渐清晰起来。

我梳理出提问、思考、创新三者之间的层层推进关系，形成“提问 – 问题解决”机制模型（图 2–3）。沿着这个机制模型，我们就可以在不同的阶段运用适当的提问方法，推进这个阶段的思考流程，从而推进这个阶段在问题解决思维逻辑进程中的顺利进行。

通过这个模型，我们可以清楚地看到，“提问”是促进创新过程的最核心工具，也是最底层逻辑。换句话说，提问就像

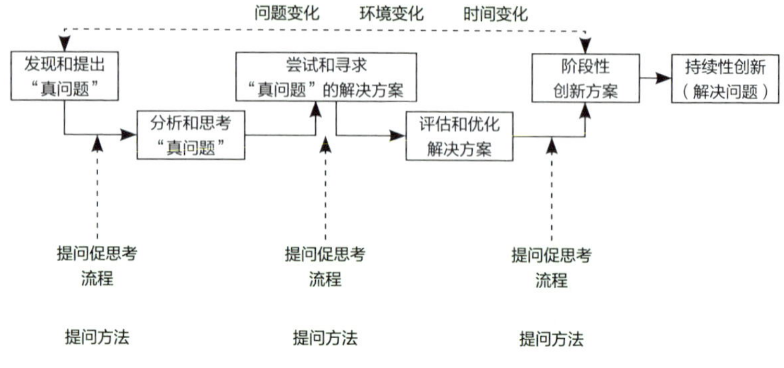

图 2-3 “提问－问题解决”机制模型

一把能够打开创新大门的万能钥匙。

无论我们面对的是日常生活和工作中的琐碎问题，还是家庭矛盾、亲子关系、项目推进、产品设计、创新发明等具体的问题，我们都可以迅速拿起“提问”武器，运用问题解决思维逻辑，从发现“真问题”开始，最终创新性地解决掉它。

关系理清楚了，我们也知道了提问的重要作用，你可能又会有一堆其他的疑问在脑子里。比如，到底该怎么提问呢？从哪里开始提问呢？有没有什么具体的提问方法呢？面对不同的场景，该怎么用这些提问方法呢？

接下来，我们会逐步解答这些疑问，并且会重点说明，到底在不同阶段该用什么样具体的“提问方法”或“提问策略”促进思考，从而推进问题的解决。

五、三步走提问法

正如贝格尔在《绝佳提问》这本书中总结的那样，全球有很多创新者、创业者、发明家其实都是“提问”专家。他们经常会向自己提问，通过不断提问，逐步找到创新的解决办法，逐步打开市场空间，最终发明了有益于人类的产品。

贝格尔通过大量的访谈发现，在这些人创新的路径中，“提问”成了家常便饭。他们往往会先提出“为什么……”的问题，紧接着，他们会提出“假设……会怎样”的问题，最后，他们会提出“如何……”的问题。

这一系列提问步骤，看起来很轻松，却贯穿了他们的所有过往。有人花费了 10 年的时间经历这一过程，不断地推进企业向前发展。有人可能花了 3 小时，通过这样的提问过程设想出一个新产品的商业模式。

宝丽莱的创始人看到自己的女儿在草坪上拍照，沐浴在阳光下的样子非常可爱，于是他提出一个问题：为什么美的照片不能马上出来呢?

爱彼迎的两位创始人看到当地举办商务会议期间酒店满员，许多人无法住宿时，提出一个问题：为什么我们不能给他们提供一个空闲的地方入住呢?

可汗看到自己的表妹数学成绩差，但又发现她并不是一个不爱学习的孩子时，他提出一个问题：为什么她的数学学不好呢？

这样的案例在提问专家身上比比皆是。我们发现，他们提出的“为什么……”问题都会建立在“观察”的基础上。他们通常都是善于观察的人。他们观察了某个现象、某件事、某个细节、某种状态，紧接着就会产生思考，从而进行提问，提出“为什么”的问题。

一个“为什么”的提问看似简单，它的威力却很大，因为它让我们进入“提问促思考模式”。

提问“为什么”，会激发大脑去思考“为什么”背后的事情，会让背后的多样化原因一点一点地被挖掘出来。

比如，“为什么美的照片不能马上出来呢？”这个问题提出后，大脑思考出的原因可能会有很多种：因为现在的技术无法支撑；因为没有人尝试过；等等。

接下来，如果我们针对这些思考继续“提问”的话，就会进一步提出更多的问题。比如，“现在的技术到了哪一步？假设这个技术问题可以解决，是不是就能实现我们拍完照马上拿到照片呢？”“假设我来尝试这样做，可以吗？”

随后，我们继续针对新的提问进行新的思考：“现在的技术的确还有一个难关”“解决掉这个技术问题，就可以实现拍立得的效果”“以我们公司的发展、技术和资金，我来尝试做这件事的话，应该可以。”

现在针对“新思考”再继续“新提问”：“如何解决这个技

术难关？”“如何解决资金支持的问题？”

你会发现，通过提问，我们面对的问题到底是什么逐步清晰起来，我们要如何解决也逐步清晰起来。

贝格尔总结的“为什么……假设会怎样……如何……”是一种三步走的提问方式，比较宏观，跨度也较大。比如，当创新者提出“为什么”的问题时，可能处于刚刚萌生创造某个产品想法的时候。当他提出“假设会怎样”的问题时，可能已经处于要解决问题的阶段了。从萌生想法到解决问题，这之间的时间跨度是较大的。所以，贝格尔的三步走提问方式较为适合推进创新者不断思考“企业的发展与创新”困境，不断打开思路，最终达成创新的结果。

六、拆解式提问法核心六连环

接下来我们再来模拟一下，可汗解决表妹数学不好这个问题时，是如何通过“提问”进入“提问促思考模式”，从而一步步发现问题和解决问题的。

在可汗观察到表妹的数学情况后，他提出“为什么她的数学学不好”这个问题。问题提出后，可汗根据这个提问去思考和分析表妹数学成绩差的原因：可能是表妹听不懂老师上课讲的内容，可能是表妹课后难以消化课堂上的内容，也可能是表妹对数学产生了畏难情绪。

面对各种原因，可汗接着进行了新的系列提问：“为什么表妹听不懂老师上课讲的内容？”“为什么她难以消化课堂上的内容？”“为什么她会产生畏难情绪？”

至此，新的提问越来越深入了。针对新的问题，思考的方向也更加具体。比如，她的畏难情绪是因为她听不懂课堂内容而对学数学产生排斥吗？听不懂老师上课讲的内容是因为她上课走神吗？听不懂老师讲课的内容是因为老师没有让学生明白吗？

我们会发现，提问的路径一直沿着“推动更进一步地思考和分析”这个方向迈进。

提出的问题，俨然就是一连串的钥匙，走一步打开一扇或几扇门，再走一步，再打开更隐蔽的门。

直到真正要找的那个门被打开为止。通过一连串逐层剥离的提问后，真正的问题出现了：老师讲课的方式是怎样的呢？存在哪些问题呢？

接下来，针对这个问题，再进一步进行思考和分析，就能找到“老师讲课现存的问题”到底是什么。

最后，针对“老师讲课现存的问题”继续进行提问，提出“如何……”的问题：如何改变目前传统的教学方式以便学生更容易理解课堂内容？

到这一步，后续的解决方法和答案就已经浮现在眼前了。于是可汗就有了将“精熟学习法”作为创新性解决方法之一放到教学中的想法。精熟学习法就可以解决学生“如何更容易理解课堂内容”的问题。

如果你留意一下就会发现，我在这个模拟的提问练习中，运用了一种区别于“三步走提问法”的提问方法。这种提问方法我把它叫作“拆解式提问法”。通过不断地拆解“不明朗的问题”，并逐步提出“明朗的问题”，沿着“提问促思考模式”的道路一步步推进，让事态变得明朗起来，最后挖掘出“表妹数学成绩不好”这个表面现象之下的本质问题：传统的讲课方式存在哪些问题？

你一定会好奇，到底什么是拆解式提问法呢？

在近些年的研究和实践中，我们一直在思考：有没有一种提问方法可以广泛用在“任何隐藏问题”的挖掘中呢？如果有的话，它是什么呢？

带着这样的疑问，我开始了探索之旅。我发现，有一些提问的书中提出了一些针对某个领域的具体的提问技能或步骤，太过具象，很难应用到其他场景和情境之中，有一些给出的则是比较宏观的提问策略，不够具体，大方向有，但具体如何操作则较为模糊，这让我们在实际运用时很难操作。

无论是针对某个具体领域还是在宏观层面，我们提问的目标都是为了发现问题、分析和思考问题、解决问题。然而，现有的方法论只告诉我们具体的“技能”，没有讲清楚我们在面对一件事、一个困难、一个项目时，到底该“怎么样提问”“从什么地方下手提问”。其实，“从什么地方下手提问”是非常关键的。我们都知道“提问”是有价值的，但关于提问的路径，目前缺少“底层的逻辑方法”。

比如，当我们面对一个困境、一个难题时，到底通过怎样的提问方法，才能发现和提出“真”问题呢？提问的“底层逻辑方法”到底是什么呢？这种底层逻辑的提问法，是否可以在不同场景、不同领域通用呢？

另外，既然提问是贯穿整个问题解决思维逻辑历程的底层核心工具，那么在不同的阶段，又该如何运用提问方法呢？又该运用哪些提问方法呢？哪些会有更好的效果呢？

在教学和实践研究经验中，我总结出了“拆解式提问法”，并尝试将它运用到课程引导中，也运用到带领学生进行的不同研究项目中。令人惊喜的是，无论在什么主题的项目研究中，“拆解式提问法”都能完美地帮助学生厘清思路、发现项目的“真问题”，从而让学生有效运用问题解决思维逻辑，最终设计出非常棒的方案。

举个例子，在“短视频如何影响年轻人”的项目中，学生面对这样的项目主题，不知道该如何下手以及该挖掘哪些方面的数据。这时，“拆解式提问法”就会成为我们最好的帮手。

我让学生分组围坐在一起，借助拆解式提问法引导他们一步步找到方向。我让他们先讨论这个主题当中的核心信息，后提出第一个初步探索式问题：“你们认为，这个主题中，哪

个词最重要呢？”（探索提问阶段）

第一个探索式问题抛出后，紧接着是他们的思考和讨论。很快多数小组达成了一致意见，他们认为“影响”这个词是最重要的。接下来，我针对这一点，继续“拆解式提问”，我提出，“为什么你们认为‘影响’最重要”，试图让学生的思考焦点变清晰，能沿着这个问题进行分析和思考。（进阶提问阶段）

小组内的讨论开始热烈起来。有人认为，这个问题是显而易见的，也有的小组提出：“我们要研究的其实就是‘如何影响’，所以这是关键。”

我很高兴他们能看到这一点，便趁热打铁继续提问：“既然‘如何影响’是我们要研究的方向，那么短视频到底影响年轻人的哪些方面呢？”（加强提问阶段）

这个问题，引导学生们进入头脑风暴过程。我希望他们能够把头脑风暴的结果做成思维导图画下来，并与大家分享。令人惊喜的是，通过这个问题，学生们思考出了一连串的内容。比如影响年轻人怎么观看、怎么使用、怎么消费、怎么娱乐、怎么转发等方面。

我的提问更加聚焦起来，针对每一个内容进行了有针对性的提问：观看视频的方式有什么变化呢？使用短视频的方式有什么变化呢？年轻人在其中的消费方式是什么呢？年轻人在其中的娱乐方式是什么样的呢？年轻人会怎么转发以及为什么转发呢？等等。

这一系列问题的提出，让学生在这个看起来很模糊的主题项目中，逐步发现了一个个具体需要调查研究的“真问题”是什么。

接下来，每个团队都十分清楚，他们到底要做哪些方面的数据挖掘与方案设计了。

在以上情景中，我运用了拆解式提问法，一点点引领学生不断向前思考，并且能有方向性地思考，最终让他们发现了“我们到底要做什么”这个核心问题，随后的解决方案也逐渐被整理出来。

在拆解式提问法中，有 2 个核心的步骤被交替使用，那就是“拆”和“解”。

所谓“拆”是指，先从我们一眼可见的“表面问题”或“现象”中分拆出“关键点”，或从自己或他人描述的当前状况中分拆提炼“关键点”，然后根据“关键点”开始提问。这是第一步的“分拆”。

分拆出第一步的提问后，激发自己或别人思考这个问题，并尽可能多地表达出思考后的结果。这一步就是“解”，所谓“解”是指“解问题”，根据提问来思考和分析问题并给出思考结果的过程。

接下来，根据上一步的思考分析结果继续“分拆提炼”出一个或多个关键信息，并针对这些关键信息逐个展开新的提问。之后，根据新的提问，逐个“解问题”，并继续表达出思考后的结果。

以此类推，我们不停地“拆”问题和“解”问题。在“拆解”过程中，将大概念拆成小概念，将模糊的问题拆成清晰的问题；提问越来越聚焦，越直达核心和重点方向，我们面临的真正问题也就越来越清晰了。当真正的问题清晰后，解决问题就不再遥远了，甚至在某些情景中解决问题的答案就在眼前。

因此，拆解式提问法是一种通过提问逐层分解问题的过程，它可以帮助我们在一层又一层的思考过程中达到追根溯源的目的和效果。我在课堂上运用拆解式提问法剖析数据项目时，为了让学生对拆解式提问法有更形象和直观的认知，我将拆解式提问法比喻成“剥洋葱策略”。

洋葱中心是最好吃的部位，这就好比我们要寻找的核心问题、真问题。如果我们想要看到洋葱中心的完整全貌，就需要从洋葱表皮开始，一层一层地剥开，不断地剥离和排除那些我们不喜欢吃的部分，最终剥离出最核心的部分。

拆解式提问法对庞杂信息的不断分拆、不断提问、不断解答、探寻本质的过程，就像是剥洋葱。剥的过程可能会“辣眼睛流泪”（探寻真问题的过程不易，甚至充满各种干扰），但经过努力剥离出洋葱中心最好吃部位时（找到核心问题），你会发现，所有的探寻都是值得的，甚至你会享受通过拆解式提问法“发现和提出真问题”的过程。

拆解式提问法，可以最大限度地促进“提问促思考流程”的进展，从而让使用者快速进入“问题解决思维逻辑旅程”，并高效地发现和提出“真问题”，最终创新性地解决问题。

拆解式提问法的整体流程如下：

第一步，观察自己或他人当前正面对的表面问题或遭遇的境况，观察和感受当前现象。

第二步，通过观察和感受，尽可能准确细致地描述出，自己或他人目前正面临着什么、当前的状态或希望解决的问题等。

第三步，从自己或他人描述的结果中分拆并提炼出关键词。关键词即关键信息。

第四步，针对关键信息进行探索式提问，提问题。

第五步，针对探索式提问进行思考，并表达思考的结果，当然也可以将思考结果分类写下来。

第六步，针对思考结果，分拆提炼出新的关键词。

第七步，针对新的关键词进行新提问。

第八步，针对新的提问进行新的思考，并表达新的思考结果。

第九步，重复第三步、第四步、第五步的“拆”和“解”过程。“拆解”次数根据事情的复杂程度而定。

第十步，对“拆解”出的最新问题进行对比和评估，对目前面临的问题进行重要程度排序，并确定出真正面临的“核心问题”，这往往也是真正要解决的问题。

我们可以利用“拆解式提问法”，沿着上面的流程在自问自答中推动自己发现问题并解决问题，也可以利用“拆解式提问法”帮助和引导他人发现问题并解决问题（图 2-4）。

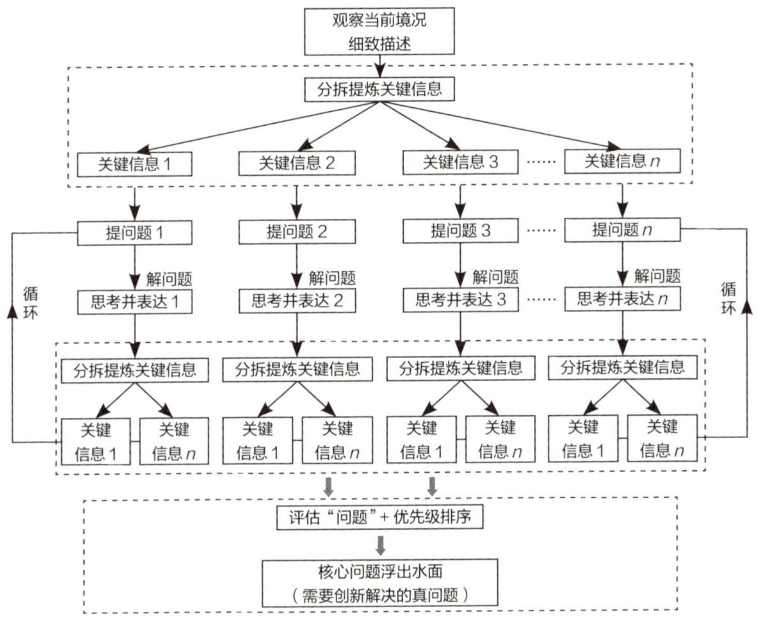

图 2-4　拆解式提问六连环模型

在模型中，“观察和描述”是前提条件，“分拆提炼”和“提问题”是核心，“解问题”是目的。

七、拆解式提问法的运用

无论是自身在生活、工作、研究中遇到困惑，还是看到他人在这些方面遇到困境，拆解式提问法都能使我们通过六连环过程较为快速地发现我们或他人正面临的核心问题是什么。创新解决掉这些核心问题，困难就能迎刃而解。因此，拆解式提问法适用于各种领域，比如学校教育、家庭教育、亲子关系、亲密关系、日常工作、科学研究等领域。

有些人用拆解式提问法找到了亲密关系中的核心问题所在，并积极解决了问题，增进了彼此的感情。

“当我运用拆解式提问法与他进行一次长谈后，我一步步明白，一直以来我的说话方式让他以为我忽略了他的感受，他觉得自己受到了冷落，而我却浑然不觉。通过拆解式提问，我们以平和的方式，找到了彼此之间的矛盾问题所在，原来‘刻薄的说法方式’是真正的凶手。原本即将分崩离析的我们，因为找到了问题所在，才有了重归于好的机会。接下来，在我向他表达某种想法之前，我会先告诉他‘我这样说别无他意，只是表达一下想法，如果你觉得不舒服，可以告诉我怎么表达，你更能接受’。彼此敞开心扉，才能各得所愿。”

拆解式提问法研讨班参与教师运用拆解式提问法，改进了课堂教学方式，激发了学生想象力，促进了学生的思考和课堂参与度。

“这些孩子才八九岁，但是在课堂上他们总是沉默寡言，也很少有人向我提出问题。我知道，当一个人没有探索欲望时，也会丧失学习的动力。他们还如此年轻，理应保有提问的热情，怀揣好奇之心，保持质疑的勇气，而不是只在课堂上被动接受答案。我开始尝试在课堂上运用拆解式提问法鼓励学生去发现和提出问题、激发他们的想象力。

“比如，在一次作文课上，我让学生练习写一篇有关春天的作文。学生们绞尽脑汁，结果给出的都是课本中或者某本书上的描写场景。我觉得孩子们对真实世界的观察和想象力太匮乏了。我开始尝试用拆解式提问法带着他们拆解这个过程。课间，我带着他们走到校园绿化带的一个角落，让他们观察 2 分钟，之后，让他们描述自己都看到了什么。有人说，看到了长出嫩芽的小草；有人说，看到了树上开始冒出小小的花骨朵；有人说，看到了地上的蚂蚁。仅仅 2 分钟的时间，他们看到了各种各样的场景。紧接着，我开始提问题：刚长出嫩芽的小草是什么样子的？什么样的颜色？什么样的形状？树上刚冒出的小花骨朵是什么样的？用什么样的词语形容它们呢？看到地上的小蚂蚁在干什么呢？

“令我惊喜的是，学生们针对这些问题，迸发出了非常奇妙的思考，表达了最真实的春天场景：小草是浅绿色的，身高大约 10 厘米，叶子尖尖的朝上生长；树上的花骨朵是嫩红色的，小小的，被一层‘衣服’紧紧地包着好像想要拼命跑出来；小蚂蚁忙忙碌碌地跑来跑去，其中有一只脑袋上还顶着一小块东西，像是食物碎屑，它们跑向草丛里，它们的家好像在那里。我对孩子们说：‘你们刚刚说的，就是真实的春天呀，就是生动的春天呀。把这些句子写下来，就是我们的作文。’

“尽管我们的户外探索只有10分钟，但是拆解式提问法带来的效果令我震撼，我没有告诉学生答案，只是通过拆解和提问引导他们去观察、去思考、去表达，最终的效果却远超出课堂上花费30分钟甚至更长的时间给学生讲解写作套路。我觉得老师都可以将拆解式提问法的过程融入自己的课堂教学。”

有人用拆解式提问法改进工作，解决了实际问题。

过去半年，我的工作状态就好像是在时刻“灭火”。客户投诉了一个问题，我会立马紧张起来，想办法去找合理的方式和说辞打消客户的抱怨。所以工作状态就变成了，来了问题，我就去解决，自己始终在解决问题的路上，筋疲力尽。在参加拆解式提问法的训练中，我突然明白了原因：我始终在解决问题，却没想过客户投诉背后的核心问题究竟是什么，也没试图去跟其他部门沟通过。在拆解式提问法的训练中，我试着按照步骤一步步厘清问题，最后发现，客户投诉背后的根源性问题是公司产品的某个细节设计引发的，但从来没有人提出过。我决定不再被动地、漫无目的地奔跑，我会将这些问题与产品部门沟通，协助解决产品设计上的问题。这样的话，在后期的客户服务中，我会更清晰要怎么做。

——一位客户经理

还有些人把拆解式提问法运用于家庭教育上。一位妈妈注意到孩子最近进行英语学习时拖拖拉拉，她总是忍不住跟孩子发火。在辅导作业时遇到孩子弄不明白的地方，她也会大声呵斥，没有耐心引导。她听到一位朋友推荐拆解式提问法，决定尝试一下。我们约在一家咖啡馆的拐角处，她礼貌、谦逊，很和善，很难让人想到她在孩子面前崩溃的状态是什么样子。我们寒暄过后便进入正题。我首先向她提了一个问题："你认为孩子学英语拖拖拉拉的真正问题是什么？"她思考了几秒，不是很确定地告诉我："可能是她不爱学英语，也可能是最近她太贪玩了，所以注意力不集中，总是走神，这样的话肯定会拖拉。"我接着问她："所以，你认为学英语时拖拖拉拉，真正的问题是她不爱学英语，是吗？或者是因为她贪玩，所以精神不集中？"她点点头，说："可能是。"随后，我继续提问："那你有想过，她为什么不爱学英语吗？换句话说，是什么事情让她对学英语产生了抵触？再进一步说，是不是有什么困难让她对学英语产生了抵触或恐惧心理？"

她不是很肯定地说:“应该不会吧,她学英语时,我一直在旁边,有什么困难她可以告诉我,我会帮她呀。”我笑了一下:“可能这就是问题所在。我们需要去发现她真正的困难是什么,以及为什么她没有向你表达出自己遇到了真正的困难。”

我向她介绍了拆解式提问法六连环模型,并且告诉她使用方法和步骤,希望她回家后通过这个方法与孩子展开一次心平气和且有意义的对话。一周后,她告诉我,拆解式提问法的几个步骤的确产生了很好的效果。她了解到的孩子遇到的真正问题是:她对英语单词难以记忆产生了恐惧,学习英语时,不停地有新的英语单词出现,但是她很难记住。一到学英语时,她就变得很紧张,但是又不好意思告诉妈妈。妈妈发火时,孩子更不敢正确表达出自己真正的困难。我告诉她:“接下来我们终于知道要努力解决的问题是什么了,首先要想到好办法让孩子对记忆单词不再恐惧,甚至让她觉得这是一件有趣的事,让她在学习英语单词过程中找到成就感。”通过运用拆解式提问法,她在辅导孩子学习的过程中变得不那么焦躁了。她找到了与孩子平等对话且能较快发现问题和解决问题的思路。

能够有机会把拆解式提问法讲解给身边的人听,并且能够实际地帮助他们在经历的困难中发现真正的问题,体会这种方法产生的魔力和力量,我感到非常幸运。现在,我也很高兴，能够在这本书中详细地介绍拆解式提问法的详细内容。我希望它能帮助大家不断发现问题，时刻指引我们在问题解决思维逻辑历程中思考和分析问题，最终能够通过它创新性地解决问题。

第三章

观察、描述、提炼

一、无限接近“上帝视角”

拆解式提问法的第一个步骤就是观察。我们需要认真地观察自己目前的状态或他人的状态，观察正在发生的事情，才能为下一个步骤“描述”提供帮助。

观察，听起来是一个非常简单的动作，但是在当前快节奏的生活中，“观察”已经成为一件非常奢侈的事情。我们内心焦灼，以至于无法集中注意力观察周围的人和事，无法观察到家人的喜怒哀乐，无法观察到孩子情绪中流露出的神态，无法观察到工作中可能让我们失误的细节，无法观察到转瞬即逝的春天……如果我继续列举下去，你会发现，我们在逐渐丧失“观察力”。这也意味着我们在丧失对周围万事万物的感受。于是，时间在我们的指缝间快速地流走。

换句话说，我们如果无法静心观察，就会错过生活中的美好，同时也会因为观察力的丧失而很难发现和感受自己或他人正在面临的困难、困惑、痛苦和磨难。所以，观察是帮助自己或他人发现核心问题的最基础条件。

当我们真正开始观察的时候，我们会看到自己或他人当下的状态和行为，会看到那些隐藏的信息，也会看到被忽略的细节。

但是，在运用拆解式提问法时，第一步的观察并不容易，因为我们很多时候不知道到底该观察哪些方面。那么，到底该观察什么呢？首先要清楚，我们观察的目的是什么。观察是为了通过拆解式提问法一步步地发现问题。

是为了发现谁的问题呢？当然是为了发现我们自己正在面临的问题，为了帮助他人发现他们当下面临的问题。

这样看来，我们的观察对象就十分明确了，具体如下。

所处的境况：困难、困惑、忧虑、疑问等。

自己当前的状态：表情、动作、情绪等。

他人所处的境况：困难、困惑、忧虑、疑问等。

他人当前的状态：表情、动作、情绪等。

我们要观察看到的事实，注意是事实，不是评论或猜测。当然我们看到的未必是“真正的事实”，也可能是浮在表面的“假象”。

总的来说，就是我们要注意到或留意到正在发生什么或已经发生了什么。为了帮助我们更好地理解拆解式提问法中的“观察”到底是什么，我列举了如下几种情况。

“我注意到，自己在这个项目第三个环节，遇到了一个瓶颈。”这就是一个具体的观察，观察到自己在某件事上遇到了什么困难。

“我注意到，自己此刻的脸涨得通红，心跳加速，说话的嗓音提高了，而且说话很累。”这也是一个观察过程，观察到的是自己状态的变化。这种状态有可能是紧张，也可能是激动。

“我注意到，他现在表情有点不自然，与他说话时，他的眼神四处躲闪。”这是观察到了他人的状态，可能他人在某件事上有难言之隐。

“我注意到，他最近花费在学习上的时间变长了，而且在学习的时候经常会不自觉地拽头发，偶尔还会叹气。”这是观察到了他人的境况，可能他人正在经历某种困难。

“我留意到，最近的销售额数据有所提升，但也看到每个月的增长额在降低。”这是观察到的某种事实（有可能是表面的，但无关紧要。因为我们正是要从观察到的现象入手，去发现背后真正的问题是什么）。

“注意到”“留意到”“看到”“感到”等词语往往都是代表我们的“观察”行为和结果。拆解式提问法中的第一步观察，是为了注意到 / 留意到 / 觉知到自己、他人当下所处的境况、状态，或者留意 / 觉知到当前某种现象（或事实）。

在一次项目研究讨论会上，我把项目研究背景、思路过程为学生们讲解完后，教室里鸦雀无声。我自认为自己的讲解过程非常完美，逻辑也很清晰。因为对项目接下来的进展胸有成竹，所以我讲解时的语调都高了起来。很显然，现在教室一片寂静的场面并非我期待的样子。“你们有什么疑惑或问题吗？”没有人回答我。我意识到某些环节出现了问题，想知道问题出在了哪里。我开始观察每组团队成员的表情和他们的状态，有的低下头，有的紧紧盯着前面的黑板眉头紧锁，就连平时最爱问问题的学生也两手托腮。当然，我也可以选择忽视他们的状态，可以假装“他们没有遇到什么问题或疑惑”，继续按照课程思路往下进行以保证授课进度。但是，我并没有这样做，观察到这些细微现象后，我开始调整课程方案。我将后面的课程内容暂停了。我得花一些时间在解决他们可能存在的疑惑上。这些疑惑可能是影响项目后续进展的最大隐患。

考虑到有的学生不善于表达或者不好意思在公开场合承认自己“听不懂或遇到问题”，我想到一个办法。我将刚才的讲解划分为五个环节，然后依次向所有人提问：“第一个环节听明白的请举手。”所有人都举手了。紧接着问，“第二个环节听明白的请举手”，此时有四五个人没有举手，其他人都举起了手。……五个环节提问完毕后，我注意到从第三个环节开始，没有举手的人逐渐多了起来（观察）。问题到底出在哪里已经显而易见了。我对第三个环节的项目解剖并未让大多数人听明白，或者说这个环节的课程设计太过复杂，不够深入浅出。所以从这个关键环节开始，很多学生开始难以理解，导致后续环节也不能衔接起来（思考）。我决定把第三个环节重新梳理一遍，并且将讲课速度调慢了。

因为在第三个环节留意到一些没有举手的学生，所以我挑选了几个人，并询问他们："刚才我看到你们没有举手，而且眉头紧锁，表情也充满了不确定。你们觉得这个环节的哪个地方不是非常清楚，需要我重新梳理一下？"（观察和描述他们的状态，并了解他们的需求）通过观察，我已经锁定了出现问题的环节，因为询问非常明确，所以这几个学生开始描述他们的不解之处。接下来，我向其他学生提问"是否遇到类似的疑惑"，他们也频频点头。找到关键问题所在，我就有了非常明确的解决思路。在重新梳理的过程中，学生和我的互动明显增多，从他们的眼神和肯定的目光中可以看出，我的新讲解方式解决掉了他们的疑惑。课程结束时，他们脸上的表情是轻松的。表面看起来，我花费了更多的课堂时间去讲解某个具体环节（看起来浪费了时间），但是从效果来看，因为及时"观察"到了这些状态并解决了问题，才会让后续的项目研究过程顺畅得多。整个项目研究的顺畅程度、学生的消化和吸收、时间周期等方面都超过预期（节省了时间，提高了效率）。当我们观察时，我们究竟在做什么呢？其实，观察并非单独存在，我们在观察时，观察对象会给大脑带来刺激，大脑会不断运作，从而刺激我们进行思考和对观察的信息进行加工处理。在有些情境下，我们处于自然的观察状态，比如，看到了路边的花、小草，然后会感叹春天的美丽。比如，孩子在幼儿探索期，遇到新奇事物会很容易停下来去观察，这就是从未知到认知的探究过程。这些观察都属于自然观察，是由小孩子内在的探索欲望、好奇心作为驱动力而进行的观察。在观察的过程中他们会形成对外界的认知。但是，当孩子逐渐成年并形成自身的知识体系、价值观、认知体系后，“不带任何目的”的观察似乎就很难发生了。成年人比较难做到漫无目的地观察，在很多情况下是带着一定目的去观察身边事物的，之后会将观察到的信息和自己的认知进行对比，从而产生思考和分析过程。比如，我发现了学生的状态不太好，却不知道问题究竟出在哪里，那么我会观察他们的各种细节来判断是否跟我预想的一样。美国哲学家 N.R. 汉森在其著名的论著《发现的模式》中提出了哲学和科学问题的辩证，对于“观察”，他这样举例:“对于经过的自行车，我们并不会问‘那是什么’，因为这既无必要又无意义，是对我们自身观察精力的浪费，所以科学的观察应该聚焦在经过理论筛选后的有价值的内容上。”汉森的说法表明，带着目的去观察很重要。

所以，在拆解式提问法的第一个观察环节，我主张带着“发现问题”的目的去“观察”，并且要有明确的观察目标，比如自己所处的境况 / 状态、他人所处的境况 / 状态、当前事情呈现出来的事实（问题）等。只有带着“发现问题”的目的去观察，拆解式提问接下来的流程才会更加顺畅，最终发现问题和解决问题的效率也会更高。

观察，在拆解式提问法中是非常重要的一个环节。可是，为什么要观察呢？我认为，观察是一种审视和觉知的过程，是通过眼睛看、内心感受而去审视和觉知某种现象或现象背后的问题。

所以，观察的过程伴随着“觉知”和“感受”，并非纯粹客观地用视觉“看”。

我们沉浸在观察状态时，会调动大脑神经去留意和觉知到一些细节信息，并通过这些细节信息去做出一些判断。比如，通过观察到的一些细节信息去“真实地感受”自己或他人当下状态、境况、困惑等背后的真正需求，然后初步分析出，隐藏在这些表面状态下的问题是什么。也许此时我们还看不到真正的问题，但是给接下来探索真正的问题提供了重要的第一步判断。

在沟通交流时，一个朋友向你倾诉“他感觉很难过”。首先，这是他观察和觉知到的自身的一种心境状态。我们听到朋友的倾诉时，也会观察和觉知他当前的状态，他有可能表面看起来故作轻松，但其实情绪低迷，打不起精神来。我们通过观察觉知到他的需求是“需要帮助或安慰”，可是我们如何解决这个需求（让他好过一些）呢？此时，真正需要解决的问题就会显现出来：是什么事情 / 原因导致了他如此难过？接下来方向就会十分明确了。我们通过让他描述、分拆、提问等后续步骤（后面章节会详细解读），一步步发现并找到让他感到如此难过的真正原因（核心本质问题）。核心问题找到了，我们给予朋友的安慰才会切中要害。所谓的解铃还须系铃人，其中的道理也在于此。

有些人通过观察觉知到一些表象问题后，并没有想要继续解决这个问题的冲动或意愿，这种情况下，我们无法通过拆解式提问的模型帮助他。在人们有意愿或者有需要去解决困惑或问题的前提下，拆解式提问法才能够更好地发挥自己的价值和作用。

这个人如果有解决问题的内在需要，那么在观察和觉知环节，需要他留意和复盘每一个环节，如果有必要，尽可能写下来整个过程。观察得越细致，越可以帮助他在描述环节将观察结果描述得更为细致和具体，这将有助于我们进一步分拆关键信息及做后续的问题诊断。

再比如，在某个主题项目研究中，研究的方向不明确，研究人员感到困惑和不解，这属于研究人员感受到的“客观的现象”。此时，研究人员的困惑可能使他停滞不前，甚至让他产生挫败感。我在做项目研究的过程中，经常会遇到这样的情况。这个时候，我往往会启动拆解式提问六连环模型，从观察开始，一点点将核心问题和研究方向梳理出来。比如，我会带着学生搜集与这个项目研究有关的所有重点信息，并让他们仔细“观察”（阅读和查阅）这些重点信息并尝试梳理下来，之后，让他们“描述”观察到的每一个重点信息在项目研究中的重要程度、原因并排序。完成这个环节后，拆解式提问法的后续流程就会有序展开，分拆抽取关键信息、提问题、思考和表达、评估等环节就会变得顺畅许多。最终，我们可以准确地找到研究方向，明确项目的核心问题是什么，该从哪里下手开始。

在家庭问题方面，利用拆解式提问法中的第一步“观察”也是非常重要且有必要的。比如，父母认为家庭氛围很差，与孩子沟通困难，时不时会陷入“顶嘴”和“发火”的冲突中。这属于父母观察觉知到的“当前境况”。或许这个问题正在困扰着许多家庭，父母在这种家庭冲突中，显得力不从心，焦躁不安，很想知道到底该怎么解决。其实，在这种情境下，父母对于解决“如何与孩子沟通”问题有强烈的内在需求，只不过“解决问题”的前提一定是“发现问题”，且须是发现核心本质问题，如此才能够创新解决掉它。但是，现实情况是，我们在家庭关系、亲子关系中，最困难的事情正是无法发现矛盾的根本是什么、造成问题的“疙瘩”到底在哪里、怎么找到“疙瘩”。

这种情况下，我希望拆解式提问法能够真正帮助他们发现根本问题所在。在讨论会上，我首先建议他们，回忆“最近的一次冲突或矛盾”，回忆当时场景的每一个细节。如果他们不能记起来或者记得没那么准确清楚，我就建议他们回家后练习“观察”，尤其在类似冲突发生时，尽力去观察“刚刚发生的事情的全部过程”。如果有余力，可以记录下整个过程，包括说过的每一句话。尽量不带有额外的情绪或评价，将自己放在事件之外来回望这一过程。

当我们站在事件之外去“观看”自己的日常生活和工作时，就能够更大程度地觉知自我的感受、状态，他人的感受、状态，也会比较容易发现并接纳“我们自身存在的问题”。这个过程更像是对我们每时每刻发生的事情去“复盘”“扫描”。

因此，拆解式提问法的观察环节的核心理念就是“客观地觉知”，核心方法是跳出事件本身去观察所发生的事情（我们正困惑的或正面临的问题），尽量不遗漏细节。

你会发现，通过细致的观察，那些表面的或隐藏较深的问题已经向我们敞开了大门，“发现核心问题”的开关开始启动。

我们要观察和觉知（自己或他人）当前的困境是什么、状态是什么、面对的是什么。观察的对象包括状态、可能面对的问题（可能是表面问题而并非真问题）、当前境况、客观的现象或事实（有可能是事实也有可能不是）等。当然，我们观察到的这些有可能都是表象的，但没有关系，因为观察的目的就是要去寻找事实、寻求真问题。

总的来说，我们要观察的对象，其实就是我们在工作、生活、家庭中所面临的“困境”或“问题”。通过观察，希望我们能为这些“困境”或“问题”找到解决办法和途径。

因此，“观察”对于后续的思考和一步步提出问题是十分重要的，也是必要的，它是后续步骤的重要前提。

想一想你当前有没有面临的困境或问题？如果有的话，是什么呢？它属于哪一种观察对象呢？

二、如何让感知更确切

在本章内容中，我们重点介绍了拆解式提问六连环模型中的第一环“观察”，也明确了观察所起到的重要作用。

观察的过程伴随着觉知、感受，同时也伴随着倾听。我们在观察自己所面对的困惑、问题、境况、状态时，我们同时也在倾听自己内心的声音和感受，自己遇到的问题、现象。因此，仔细倾听自己内心的想法和判断，会让“觉知”更加灵敏和专注。

为了倾听自己，我们需要沉静下来，跳出事件本身回望发生的事情，全神贯注地体会自己当下正在思考什么、内心感受如何、需要什么。这样有助于我们发现自己面临的问题是什么，以及怎么更好地解决问题。

在拆解式提问法的观察环节，“倾听”更多的是倾听他人。我们需要倾听他人遇到的问题、面对的困境、遇到的现象等，倾听他人的感受，倾听他人“观察”到的现象，倾听他人的描述，从而利用拆解式提问法的后续流程帮助他人“发现问题”，最终帮助他人创新解决问题。

然而，全身心投入地倾听自己和他人并不容易。非暴力沟通的创始人马歇尔·卢森堡博士认为，倾听在处理非暴力沟通问题时非常重要。他说："倾听完他人的痛苦后，我们常常急于提建议，安慰或表达我们的态度和感受。"倾听是一种能力，当我们想帮助他人发现问题时，先不要急着去解决问题，先站在那里"倾听一会儿"。

倾听在观察环节的重要性不言而喻，两者相辅相成。尤其在帮助他人诊断问题、解决问题的实践中，倾听他人当前的心声、面对的问题或困境、遇到的挫折及现象等能帮助我们更好地观察他人。

在拆解式提问法的研讨会上，面对别人的分享、求助、痛苦，我通常情况下不会说出"我觉得可以这样解决或可以这样办"，而是会让对方尽可能地表达。有时，我也会通过一些简单的提问，让对方能更清晰地表达。我希望自己是一个非常投入的"倾听者"，在倾听的过程中，我已经在进行拆解式提问法的第一步"观察"了。倾听得越仔细，越能给到对方表达自己的空间和信任感，而我也在这个过程中不断"观察"对方提供的细节信息，从而判断对方可能面临的尚未发现的问题。

甚至有时候，仅仅是认真"倾听"的过程就已经帮助对方解决了问题。正在经历痛苦、面对困惑的许多人，愿意对倾听者表达自己内心的感受和需要，愿意说出更多令他困惑的事情或信息。在我们"倾听"和对方"诉说"的互动中，他人可能已经发现了问题所在。

“用眼睛看”是视觉角度的观察，“倾听”是听觉角度的观察。“倾听”可以让观察对象提供更多细节信息。这样看来，观察环节的倾听目的是，体会他人的感受和需要，得到准确细致的信息，从而进一步发现和分拆“关键信息”，再通过有针对性地提问，剥离出真正的问题所在。

一位在小学任教的新老师在与我交流的过程中倾诉了她最近的困惑和苦闷。面对三年级的孩子，她感到力不从心。我约她坐下来，发现她的神情处于游离状态，并且交谈时眼神有些躲闪，并未直视我的眼睛。当然，这只是我对她状态的观察。我更希望能够听听她的想法和遇到的问题。她说：“我小时候就有一个教师梦，我本以为我很喜欢与孩子交流，但真正面对这么多孩子时，我觉得自己很难驾驭。有时，孩子们并不像我想象得那么听话，有一些孩子很调皮，我不知道该用什么样的方式去教育他们。我既不想让他们觉得我很凶，又希望自己能有一定的威严。”

我用心地倾听，听每一个她说到的细节信息，并且试图从这些信息中去了解她到底面临的问题是什么、有几个。

通过倾听，我留意到几个关键性的信息：她重视教育这件事；她希望做一个好老师；她不知道如何与这个年龄段的孩子很好地沟通；她有时难以控制脾气；她希望学生能够听话，但不希望自己采取暴力的方式。

通过判断，我认为她目前所有的表述，可能都与“如何与学生更好地沟通”这个问题有关。虽然，她的大段内心独白是她的愤懑，这些信息可能会掩盖她对“真正问题”的认识。

所以，我接下来的任务就是帮助她将这个关键问题拆解出来。我问她：“我听到你讲的事情，非常感同身受，因为我也是教师。教师的任务不光是讲课，更多时候是与学生建立很好的沟通。有了顺畅的沟通，才能让我们传授知识的过程变得更加有趣。”我这样的表述可以让她有被理解的感受。我继续说道：“刚才你提到不知道如何与这个年龄段的孩子很好地沟通，那你觉得老师与孩子怎么沟通是一种好的方式呢？”通过提问，我希望她继续表达一些潜在的信息。

“你现在多数情况下，与班级的孩子是什么样的沟通方式呢？”通过深入的提问，我希望她能够直面目前她与学生的沟通方式。她表达的过程可能问题就会暴露出来。我要做的，就是当好一个倾听者。

倾听一般分为五个层次，层层递进。第一个层次是，不太愿意倾听。第二个层次是，假装听或听而不闻，别人说话时会一个耳朵进一个耳朵出。第三个层次是，有选择性地去听，只听自己感兴趣的。第四个层次是，全神贯注地倾听，听清对方的每一句话。第五个层次是，设身处地地倾听，即共情式倾听，倾听时能感受到对方所想，能站在对方去倾听，去理解他。

在拆解式提问法的观察环节，我倡导倾听者应该保持在第四个层次或以上的倾听状态，也就是说，我们要专注地倾听自己、倾听他人。在倾听他人时如果能够达到第五个层次的倾听状态，对于我们帮助他人“发现问题”是十分有帮助的。因为，高层次的倾听状态，可以让我们更好地通过倾听去观察到全面的细节信息，可以帮助我们建立与他人的沟通关系、信任关系，促进拆解式提问法接下来的环节开展。

心理学家人本主义心理学的主要代表人物卡尔·兰塞姆·罗杰斯在其创立的“关系疗法”中强调了三个原则：真诚、共情、无条件积极关注。这三个原则让罗杰斯及其跟随者治愈了无数人。

罗杰斯提到的第三个原则，其实就是全身心的倾听。在全身心倾听的过程中我们要给予真诚的态度，能设身处地地站在对方视角考虑，与他人共情。这样才可以给被倾听者建立足够的安全感，并取得他们的信任。

三、训练观察力的三种方法

利用拆解式提问法发现问题和解决问题的过程中，观察是后续一切的重要前提。在观察的过程中，我们不仅会调动视觉用眼睛看，还会调动听觉，用耳朵全身心倾听，同时还会在看和听的过程中用心感受和觉知我们自身的需求、他人的需求，从而一点点去分析和判断问题到底出在哪里。

毫不夸张地说，观察可以刺激和推动我们思考。一个用心的观察者，也将会成为一个善于思考的人。脑袋一旦启动了思考，发现问题和解决问题的开关就会被打开。

既然观察这样重要，那该如何让自己成为合格的观察者呢？我们首先要做的事情，就是训练观察力。关于这一点，我们在日常生活中就可以刻意练习。

（一）用五感观察法提升观察力

五感观察法是观察和描述事物的五个基本角度：视觉观察、听觉观察、嗅觉观察、味觉观察、触觉观察。通过调动身体的五个感官去觉知我们的观察对象，用眼睛看，用耳朵听，用鼻子闻，用嘴巴尝，用手去触摸。

目前，五感观察法多被应用于教育教学、科学素养培训、写作训练等领域。比如，在写作教学中，教师会让学生观察要描写的主题或事物，让他们描述“用眼睛看到了什么”（看到了树上的小鸟），“用耳朵听到了什么”（听到了鸟儿叽叽喳喳的叫声），“用鼻子闻到了什么”（闻到了树上的花瓣飘着淡淡的清香），等等。通过观察和细致描述，我们的观察对象所呈现的状态是丰富的、立体的、生动的。

通过五感观察法，我们会像看电影一样留意到观察对象的每一处细节。此时，观察对象的细微状态、表情、声音等信息会被放大，会被我们看见和听见。因此，我们能够更加深刻地去理解观察对象“此刻到底是什么样的”，去体会“此刻他的感受是什么”。

在用五感观察法训练观察力时，首先可以采用单个感觉训练法。

比如，开启其中一项感官而关闭另外四个感官时，利用一项感官去感知观察对象，我们将会最大化观察到最多的细节信息。例如，当我们闭上眼睛，只用耳朵去听周围时，那些在我们眼睛睁着的情况下听不到的声音，就会慢慢被放大，一些重要的信息就会被捕捉到。并且，这个过程也是专注力训练的重要部分。

如果蒙上耳朵，睁开眼睛，去看眼前一小块空间内的东西，你会发现一些日常注意不到的小细节全部会跑到面前来，你会感叹“怎么之前从未注意过”。

我曾带着十几个小学生进行过一次观察力训练实验。我选择了沼泽旁边的一块空旷草地，那里一眼望去，绿意盎然。但我观察后发现这块草地是最适合不过的实验场所。我们开始展开实验，我带学生们来到草地旁边，首先问他们：“你们看一下，眼前这块草地上有什么？”他们有点不以为然，有几个学生说：“这就是一块草地呀，没有什么特别的。里面就是草。”

接下来，我让他们分成三个小组，每个小组在草地上测量出一块四平方米的正方形区域。之后，又让每个小组成员在自己的区域里蹲下来，用眼睛看，这块区域里的草是否一样、这片区域里有多少种草。学生们知道这不是一个玩笑，开始认真起来。他们每找到一种植物，就会在记录本上写下来，然后接着再寻找新的植物。时间过去了一小时，学生们完全沉浸在观察中，这片区域像是一个神秘宝藏，将他们深深地吸引着。

第一个观察训练结束，每个小组开始展示他们找到了多少种植物。第一组发现了十一种，第二组发现了十五种，第三组发现了十八种。这样的结果，让他们难以相信。在这么小的区域内，怎么可能有这么多种植物存在呢？所以，我们看不到，是因为我们未曾全身心地观察，只要投入专注度全身心观察，那些留意不到的细节信息就会自动呈现出来。

随后，我希望他们能够再玩一次观察力训练游戏。这次的规则是，在自己的区域中，闭上眼睛，仔细听一听，看能听到什么。五分钟过去了，学生们给出了答案：有沼泽里的青蛙叫声，有草地里的虫叫声，还有人听到了沼泽地芦苇丛中鸭子的叫声，也有人听到了有什么东西掉入水中溅起的水花声。

这种美的体验，只有全身心的观察者才可以享用。观察力是可以通过训练得到提升的。

在拆解式提问法的观察环节，我们的观察对象不再是自然界，而是身边的人和身边的事。这时，我们运用五感观察法中的“用眼睛看”和“用耳朵倾听”。通过这两种感觉，我们进一步体会和觉知了观察对象的状态和感受。

我们可以通过日常刻意的观察练习，提升自己的观察力。希望我们能更好地观察自己、观察他人，帮助自己和他人发现问题和解决问题。

（二）用行为观察法提升观察力

五感观察法是基于我们自身的感官而对观察对象的各个方面进行的观察。观察对象多是某种事物、自然环境等。五感观察法可以训练和提升我们的观察力以及我们在观察时的专注力。

不过，在拆解式提问法的观察环节，我们的观察对象通常情况下是人，而我们也正是要通过观察帮助他人发现问题。在这种情况下，行为观察法就更合适了。

行为观察法最初由美国人力资源专家拉萨姆和瓦克斯雷提出，专门用于企业管理。他们制定了一系列的行为观察测量表，用这些指标来监督员工的行为并通过矫正员工工作中的不好行为而达成企业期待员工进行的行为。

在拆解式提问法的观察环节，我们可以借鉴行为观察法，对我们要观察的人进行行为观察。比如，我们希望了解孩子最近在学习中遇到了什么困难和问题，那么此时孩子就是我们的观察对象，我们需要针对孩子的一系列行为进行观察并设定观察指标。

这些指标可能包括：写作业时有没有东张西望的行为，这些行为在写作业的时间里出现了几次，写作业的同时还做了哪些行为，等等。

在行为观察法中，我们需要先确定以下几个方面。

（1）观察的目的是什么。当然，观察的主要目的是帮助自己或他人发现问题并寻求解决方案。

（2）到底要观察什么。通常情况下，观察对象是那些需要我们帮助其发现问题的人。我们主要观察我们的观察对象在某种场景下的状态。

（3）确定观察指标。我们要列举出到底要观察哪些方面，要尽可能详细地列举出指标。比如正在做哪些事情，表情、神态是什么，动作是什么，行为出现的频次，等等。

拆解式提问法的观察环节，详见表 3–1。

表 3–1　观察对象为人时行为观察指标

观察目的	观察对象	行为观察指标	行为观察指标的具体表现（以上述案例为例）	应用领域
发现自己或他人可能面临的问题	人	正在做的事情	例：他正在写作业，不过大约每隔 5 分钟就会起来走动	日常沟通、亲子关系、家庭教育、学校教育、工作关系等
		行为出现的频次	例：在写作业过程中，1 小时走动了五次	
		表情、神态等	例：他时而皱着眉头，好像在思考问题	
		动作	例：他写作业时，左手总是不断拽头发	

表格中四项基本的行为观察指标，可以让我们更好地觉知和感受观察对象“怎么了”。

当然，因为观察对象有所不同，他们遇到的问题也不尽相同，所以上述四个基本的行为观察指标可以根据实际情况进行调整或拓展。

行为观察法多数应用在“当我们自身或他人面临困境”的场景中，且观察对象是具体的人。

如果你在亲子沟通或家庭教育上遇到了问题，那么我建议你使用上述行为观察法对自己、孩子、家人等进行行为观察和记录。这个过程可以帮助你更加快速地在千头万绪中发现问题的端倪。

假如你不想去记录，也可以进行以下模仿练习。

“我注意到自己或他正在做什么……”

“我注意到自己或他的表情、神态是什么……”

“我注意到自己或他的动作是什么……”

“我觉知到自己或他的感受是……”

我们在工作中遇到某些问题，我们的第一观察对象就会变成某件具体的事情。我们需要对这件事的困境或背后的根本问题进行诊断。行为观察法的观察指标同样可以借鉴运用，只不过具体的观察指标会发生些许变化（见表 3–2）。

表 3-2　观察对象是具体事情的行为观察指标

观察目的	观察对象	观察指标	观察指标的具体表现	应用领域
发现某件事情面临的问题	事情	具体是什么事情	例：新产品在市场上的销量较低，与预期差别大	项目研究、工作任务、科学研究、产品研发、发明创新等
		初步判断遇到了什么问题	例：可能是价格定位太高，可能是产品包装不受年轻人喜欢	
		事情处于什么样的阶段	例：目前这个事情已经持续了半年，但并未解决	
		利益相关者都有谁	例：产品研发人员、市场人员、管理者等	

不过，项目、任务中出现的问题，往往与人有关，所以说，从根本上还是人的问题。

因此，我们除了对事情本身进行上述指标观察，还需要对利益相关者进行观察，并且要获取利益相关者对这件事情的看法、感受、初步判断等，而且需要他们针对这些指标进行详细描述（关于如何描述，后面内容会详细介绍）。

（三）用提问观察法提升观察力

当我们的观察对象是客观的事物或事情时，我们可以采用五感观察法或者行为观察法来提高自己的观察力。但是，有的时候，我们并不习惯运用这些方法，或者我们不知道如何下手去观察。这个时候，我会介绍一个非常好的方式，它可以引导我们去观察，提高我们自己的观察灵敏度和观察力。

这个方法就是“提问”。简单来说，我们面对观察对象无从下手时，可以运用一些简单的“问句”来引导自己去观察我们想观察的事物，或者引导他人去加强对客观事物或事情的观察力。

接下来，我会列出系列“问句”，你可以通过这些“问句”去打开观察的阀门。或者，当你面对某些状况，手忙脚乱无从下手时，相信这些提问方法可以让你镇静下来，让你较快地进入观察和觉知的状态（见表 3-3）。

表 3-3　用提问观察法提升观察力

观察对象	提问引导观察	提问引导观察	提问引导观察	提问引导观察
客观事物	它 / 他是什么样子呢	它 / 他听起来怎么样	它 / 他闻起来什么样？它 / 他尝起来怎样	在观察它 / 他时，感受到了什么
事情（面对的情况）	它 / 他是什么情况呢	听到了它 / 他的什么情况呢		在观察或听到这些情况时，感受到了什么

当我们用这些提问方式开启观察时会发现，我们的身体似乎延展出许多触角，可以更加灵敏地看到、听到、觉知到观察对象的状态或感受，以及我们观察时的感受。

当然，如果我们观察的对象是自己或他人时，我们仍然可以用提问的方式，帮助自己或他人打开观察开关。下面的问句可以给你带来帮助。

“当时在做什么呢？”（引导观察行为）

“在做这件事时的动作、表情、神态等是什么样的？”（引导观察状态）

“说话的语气是什么样的呢？”（引导听觉观察和觉知）

这里需要说明的是，前面介绍的不同观察方法并不冲突。我们可以根据自己面对的情况，选择合适的观察方法。

在本书中，观察法是拆解式提问六连环模型中的第一个环节，也是非常重要的前提。正如前面强调的，我们观察的前提是“带着发现问题”的目的而展开的。而观察的直接目的则是为了在问题并不明朗或问题潜藏较深时，能更好地判断和了解“当前某个问题的背景信息”或“隐藏不被发现的细节信息”，从而为后续一步一步地剥离出真正的核心问题而服务。

拆解式提问六连环模型来自大量的教学实践探索和实践研究，我从过往的实践经验中提炼总结出该方法论。它并非空中楼阁，能够切实帮助我们更高效地通过不断分拆和拆解问题剥离出“真正问题”。

四、观察力实践训练

不过，在实践研究拆解式提问六连环模型的过程中，我开始思考并提出另外一个问题：既然通过训练观察力，可以帮助成年人更好地“集中注意力”观察自己、他人或者观察某些事情 / 困惑等，那么能否用一定的方法提高孩子的观察力从而提高孩子的专注力呢？

我对自己提出的这个问题产生了研究兴趣，并着手思考和研究“观察力”和“专注力”之间的关系，以及“观察力”和“思考力”之间的关系。

现在的研究已表明，观察可以促进大脑的思考。也就是说，当我们沉浸在观察状态时，我们所看到的、听到的、觉知到的、感受到的，都会激发大脑活跃起来，推动大脑思考。

我们可以这样简单地理解，当我们能够全身心投入地观察时，我们的状态会进入“专注”区。此时的专注，又可以辅助我们深入地观察、倾听、觉知和感受。而“专注”地观察，又会引起和促进大脑的思考。

所以，如果我们可以通过“提问”的方式，将人们带入更好的“观察”情境中，那么观察力、专注力、思考力就会在整个情境中融合起来相互发挥作用。

有了上面的思考后，我开始进行初步的假设：如果通过设定一系列过程，并通过提问的方式，引导孩子对客观事物

（比如玩具或自然等客观事物）从各个角度去观察，将他们观察的感官全部打开，会怎样呢？

研究团队设计出 20 ~ 40 个自然科技主题项目实践活动，在每一个项目活动中均设计出明确的观察环节和观察指标，之后，招募了一组愿意参与实践活动的家庭。

在实践项目开始前，研究人员会测试和记录每一个参与者（4 ~ 6 岁）的观察力。随后参与者正常参与每一个项目实践。在实践活动的观察环节，研究人员设计出系列引导参与者进行观察的“提问”清单，比如，你看它是什么样子呢？它是什么颜色呢？它正在做什么呢？它周围有什么呢？它和你平时看到的有什么不一样呢？它还有哪些地方隐藏着秘密呢？……

研究人员通过提问清单引导参与者对观察对象、观察指标进行观察，并且将每一位参与者观察时的状态、观察描述、专注情况、思考情况、提出问题的情况等信息进行了详细记录。

整个项目实践活动结束后，研究人员会为每一位参与者制作一份记录档案。通过观测记录数据，我们发现，每一位参与者在参与 20 个实践活动后，观察力会逐步提升，主要表现为：他们集中注意力的状态越来越多；他们在“提问”的引导下观察到的目标对象细节信息越来越多，甚至在后面的活动中，即便没有提问引导，他们也会主动观察目标对象的各种信息；在参与 20 ~ 40 个项目的过程中，整体上看，他们针对观察对象提出的“疑问”会逐渐增多，到了后期，“提出疑问”

的数量增长幅度变大。

这些发现说明，观察力可以通过设计“提问”的方式进行训练，并且能在提升观察力的同时，在一定程度提高参与者的专注状态。后期他们“提出疑问”的行为增多说明，他们的思考能力得到了促进和激发。因为，对事物提出疑问的能力（提问能力）是一种高级能力。提出问题是一种行为，但行为背后说明提问者经过了大量思考，并试图通过语言将思考的结果清晰表达出来。这个过程中，大脑始终在加工信息和凝练信息。

接下来，我们梳理和总结一下拆解式提问法中的观察流程。

第一，带着“发现问题”的目的去观察。对于这一点，我在前面内容中提及多次。我们观察的目的不是欣赏，而是通过观察“搜集信息”，并挖掘信息中的联系，最终帮助自己或他人“发现问题”。

通常情况下，我们遇到问题或困境时，会觉察到一些信号，比如，觉察到孩子状态不对、周围氛围不对、工作中的数据不对，出现交流冲突等，但只是感受到了问题，不知道问题出在哪里。

第二，明确观察对象。我们要观察的到底是人？是事？还是物？不同的观察对象，决定了我们要运用什么样的方法去观察，用对方法才能得到更多有价值的信息。

第三，确定观察的指标。如果我们认为问题在于人，那么我们要观察他什么呢？我们要观察他的表情、动作、状态、行为等，同时要留意细节信息，通过全身心倾听他、置身于他的状态和感受，去觉知他的感受。如果我们的观察对象是事情，那么我们要观察什么呢？我们要观察具体是什么事情、遇到了什么问题、处于什么阶段、利益相关者有谁等。

第四，选择合适的观察方法。不同的观察对象就会有不同的观察指标，不同的观察指标需要用不同的观察方法。比如，观察某个人的状态时，通过眼睛观察、耳朵倾听就可以，当然能配合“提问”来引导观察就更好了。

第五，运用合适的方法展开观察。前面的信息基本确定，接下来就是全身心地进入观察状态了。当然，我们在实际操作中，并不会这样机械地从第一个步骤到第五个步骤原封不动地展开，以上只是帮助我们练习的流程。我们熟练掌握上述方法后，在实际操作中，上面的流程会很快完成，甚至有时还可以根据实际情况随机调换流程顺序。

以上是我们介绍的拆解式提问六连环模型中的第一个环节——观察，并详细介绍了“如何进行观察”以及训练观察力的一些可操作的方法。接下来我们将讨论拆解式提问六连环模型中的第二个环节——描述。在观察之后，我们需要对观察到的信息进行描述。那么，以什么样的方式描述或者怎样描述才能有助于我们一步步发现自己或他人面临的真正问题呢？

五、在描述中明确关键信息

观察，是对我们看到的或听到的信息进行觉知和感受，以从观察中窥探存在的问题。不过，仅仅通过观察看到的问题一般较为表象，并不一定是真正的核心问题。许多本质的问题隐藏较深，只通过观察比较难发现它们到底是什么。此时，就需要第二个环节（描述）进行辅助。我们在观察的基础上，可以引导自己或他人对面临的困惑、问题、感受等进行详细描述，比如具体描述“发生了什么”“事情的详细过程”“心里的感受或情绪”等。

在一次小范围分享会上，一位女士谈到自己与丈夫的矛盾，她说：“我们在很多事情上，不能达成一致意见，经常因为对一件小事的看法或采取的方式不一样而吵架。我很困惑我们到底哪里出了问题。为了避免有很多冲突，我现在经常选择沉默。”

首先，我观察到她说话时的语气很无奈，但神情看起来并不怎么伤心，并且在分享时还会带着一点无奈的笑容。从她的语气和状态来看，我判断这种情况可能已经持续很久了。从心理学角度来讲，她选择沉默的原因在于，前期多次的冲突和矛盾让她产生了应激反应和自我保护机制。运用沉默的方式看似减少了冲突的再次发生，但这是她最无声的“抗争”和避免再次受伤害的趋利避害行为。

分享会上的人都认真地听完了她的倾诉，她长吁了一口气，似乎是得到了一次释放。尽管她在陌生人面前的倾诉暂时释放了积压已久的压力，不过问题还在。那么，他们之间出现无法顺畅沟通的原因到底是什么呢？

仅依靠刚才的倾听、观察和感受，我们还无法判断和分析“问题到底出在哪里”，因此我们需要更多的细节信息。接下来我让她对一些模糊信息进行详细描述。比如“在很多事上不能达成一致意见”，这里的模糊信息是“很多事”，到底具体是哪些事呢？“不能达成一致意见”，具体又是什么情况呢？他们双方都在表达什么呢？双方不能达成一致意见时的说话方式是什么样的呢？

“我明白你的感受，刚才听你说这件事时，你的语气、表情看起来好像很轻松，但可能你真正的感受是‘无奈’。”我向她描述了我刚才的观察，并且也表达了感同身受。她深深地点了点头，表示很赞成。随后，我希望她对模糊信息进行描述，比如，“你们经常会在哪些事情上不能达成一致意见？”“能说说最近几天发生过的一两件事吗？”

通过她的描述我发现，他们其实多数是在孩子的教育方式上意见不一致，并且会在孩子面前表现出不同的教育方式。这让孩子感到迷惑，不知道究竟要听从哪一方。我不断通过提问，示意她描述更多细节信息，并进行拆解，最后发现“教育理念不一致”是他们之间的问题，但他们之间的本质问题在于，当产生不一样的看法时，他们的“说话方式太过强势和不退让”。这才是二人激发“争吵”产生的根本性问题。

因为教育背景、家庭环境、成长经历等方面存在不同，我们在同一件事的看法上会存在很大差异。我们应当允许和尊重不同的声音和观点存在。那么，当我们与他人观点不一致时，该如何心平气和地表达自己的观点和倾听对方的观点呢？我们可以在说话方式上学会“示弱”，在对方说话时“保持沉默，认真倾听”，在表达自己观点时使用“商量口吻”。这或许是这位女士目前所面临的家庭问题的最好的解决方法。

分享会结束后，我建议她尝试利用拆解式提问法的几个原则和步骤，帮助她的丈夫一点点看到和发现“他们之间存在的真正问题”。如果他能了解到原来“说话语气和说法方式”是元凶，他可能也会尽力和她一起解决这个问题，和解才会真正达成。几周后，她告诉我，现在他们之间可以心平气和地讨论问题了。

在“描述”这个环节，我们让自己或他人针对困惑、问题描述得越具体越好。如果表达的意思含糊不清，我们就很难梳理清楚问题到底是什么。发现问题的过程，就是从观察、描述开始的，需要从描述的千丝万缕的信息线头中去拆解、分析和判断。

模糊抽象的语言还会阻碍我们深入了解问题的真相，只有清晰的细节信息描述、具体化的语言才能帮我们揭示一个人的动机、需求、感受是什么，帮我们梳理一件事情的前因、后果、关联信息等。如此一来，真相还会远吗？

观察和觉知到困境或问题后，更重要的是要描述“这些困境具体是什么，有什么表现”“这些问题具体是什么，有什么表现”。

正如前面所分析的那样，如果只是观察，我们可能仅仅会在心里体会和觉知到当前“所处的状态”，但无法清晰地将这些庞杂的状态梳理清楚，这样的话，就不利于后续有方向、有目的地思考和提问了。所以，当你能将拆解式提问六连环模型运用自如后，在多数情况下，观察和描述就可以同时进行了。

描述的目的是把这些模糊的“大概念”分解掉，因为这些模糊的概念会干扰我们发现真正的问题。所以，仔细描述困境是什么或问题是什么，可以挖掘到更多细节信息，从而帮助我们从中寻找到蛛丝马迹，找到关键点，找到切入口。

我们让自己或他人描述的过程，就像是打开扫描仪去捕捉“重点信息”的过程，此时我们应该保持认真倾听的状态，并且留意哪些描述信息可能是“发现问题”的入口。如果描述者轻描淡写或者说得很模糊，就不利于发现问题了。所以，我们一旦“打开扫描仪”去诊断描述信息时，对重点信息保持敏感性就非常重要了。

反过来看，当他人遇到问题或困难时，我们需要帮助他人发现问题和解决问题时，也需要在观察对方状态的同时，想办法帮助对方清晰地描述出他们遇到的问题或困境。如果对方并不能清晰表达，或者描述过程中给出了许多模糊的信息，我们就需要“诊断”他们描述过程中哪些信息可能是重要的，然后进一步帮助和引导他们继续将模糊信息清晰化处理，从而帮助我们去理顺问题到底是什么以及如何帮他们解决。

在描述者描述的过程中，哪些是“可能的重点信息”呢？“可能的重点信息”一般具有这样的特征：描述不具体、概念太大或太空泛、信息中传递的信息量太少。这些信息会给人一种“听完还是不明白问题在哪里”的感觉，但这些信息又有可能是导致根本问题产生的来源，或者是帮助我们找到问题真正的切入口。

与之相反，清晰的描述信息有哪些特征呢？一般具有这样的特征：描述出了具体事情、有充足的细节信息、有前因后果的关联关系等。听完这些信息，我们就知道具体发生了什么，从而初步判断可能的问题是什么。

表 3-4 中列举的是“模糊信息”和“清晰信息”之间的对比。我们在运用拆解式提问六连环模型时，倡导在描述环节要描述或得到“清晰信息”。

表 3-4 “模糊信息”与“清晰信息”

模糊信息	清晰信息
我觉得他不关心我，我很难过	今天是我的生日，但是他却忘了。我认为这是因为他并不关心我，所以我感到很难过

续表

模糊信息	清晰信息
我觉得最近大家的工作状态不对劲	最近大家上班总是迟到，工作时间总是处理个人事情，效率低下，我认为这种状态不好
我觉得孩子缺乏责任感，我希望他能多一些责任感	吃完饭后，他总是第一时间离开座位，不帮忙收拾餐具和家务，我觉得他还没有承担家务的责任感，我希望他能建立起责任感

在观察和描述环节，为什么一定要强调“使用清晰、具体的词语或语言来描述细节信息”呢？因为抽象、概念化的语言或词语没有办法帮助我们深入地了解自己或他人的问题或需求。当我们使用抽象的语言来表达和描述时，说明我们并不清楚“该如何说得准确和清晰一些”，或者我们过分关注于问题或困境给我们带来的“情绪”，而忘记提及“到底是哪些事情导致了这种情绪和感受产生”。

我们通过“描述那些具体的事情、具体的细节信息”来帮助自己或他人梳理“情绪的来源到底是什么”“感受的背后到底是什么”“一切不愉快的背后问题到底是什么”，等等。这不正是发现问题的过程吗？

六、观察、描述、提问三步走

当然，就像上面列举的一些案例一样，当事人往往并不知道自己表达的是模糊信息。那该怎么办呢？此时就应该配合“提问”这个工具了。

当我们发现当事人描述的是模糊信息而我们又认为这些信息比较重要时，就需要适当通过“提问”引导他们把这些不清晰的模糊信息进一步细化。

正如我在那次小范围研讨会上做的那样，当那位女士说出她与丈夫经常在很多事上不能达成一致意见而争吵时，我捕捉到了重点但模糊的信息“在很多事上不能……”因此，我接下来就运用了“提问”：“比如，你们经常会在哪些事情上不能达成一致意见？能说说最近几天发生过的一两件事吗？”

她针对这个提问开始描述“具体的事情是如何发生的以及事情发生的过程及细节”。然后，我从更为具体的细节信息中分析和判断原因和始末，猜测和推断他们之间可能的问题是什么。

所以，在我们帮助他人发现问题的过程中，拆解式提问法中的每个要素都在发挥着作用。它们相辅相成，互相促进。

我们通过观察来觉知和体会自己和他人的感受。在这个过程中，我们需要将观察的实际状态和信息清晰描述出来。我们帮助别人观察他们自身的困境或问题时，也需要引导他们同时将发生的事情始末尽可能详细地描述出来。如果我们发现，他们描述得并不清晰，就需要通过判断“重点但模糊的信息”而进行适当“提问”，从而引导他们将不清晰的信息描述得清晰些。

这样看来，拆解式提问六连环模型中的观察和描述环节，都配合着“提问”这个工具。观察环节中运用“提问”，是为了让观察更细致一些、观察的信息更多元化一些。而描述环节运用“提问”，则是为了在关键时刻引导当事人（自己或他人）表达出更多隐藏的细节信息，促进当事人对困惑做出进一步的描述和解释，从而帮助我们判断问题到底出在哪里。

在倾听他人描述的过程中，我们要时刻把握方向和诊断哪些是重点信息，保持对模糊信息的敏锐度。如果重点信息当事人描述得不够充分，我们要适当针对重点信息提问，用提问的方式，引导当事人表达出那些不明朗的信息，挖掘出更多的关于他们面临的问题细节，从而帮助我们分析判断真正的问题到底出在哪里。

七、观察和描述四步小练习

为了让观察和描述环节使用起来更清楚，我们有必要再次针对这两个环节进行一些实际应用时的说明。观察和描述环节在拆解式提问六连环模型中，其实是密不可分的。多数情况下，我们在观察的时候已经在描述自己观察到的状态了，在前面章节里提到的“观察记录”其实就是一种描述方式。

我们在观察中进行记录和描述，通常是描述和记录我们观察到的他人的状态，以此觉知和感受他们可能遇到的问题。我们在观察某种事物、某种情况的过程中，同时对事物、情况的所处阶段或各环节信息等进行观察记录（描述）往往是第一步。

稍微有点区别的是，在拆解式提问六连环模型中的第二个环节（描述）中，我们更强调在观察他人状态后，希望他人能够描述他们所遇问题、困境、状态等情况的细节，以便我们帮助他们发现问题的根本。

接下来，我们通过一个“沟通交流”方面的案例，模拟练习这两个过程。

观察：朋友面色憔悴，情绪看起来很低落，头发也没有打理，说话语气也比较低沉。（这是我观察到的朋友的状态，并进行的信息描述，通过观察，我觉知到他的心情应该是非常不好。）

我的描述：“看你状态很不好，脸色也有些憔悴，是发生了什么事吗？”（我对刚才观察到的进行了简单描述，希望通过简单描述，能让他感受到我在表达关心，并希望他描述更多信息。）

朋友的描述：现在心情很糟糕……（显然，他的情绪非常低落，可能遇到了什么困难，可是困难到底是什么呢？他现在描述的信息较少，而且“非常糟糕”是个很模糊的概念。我需要知道“他感到非常糟糕的具体事情是什么”，所以，我试图让他描述“感到糟糕的事情是什么”，越多细节越好。）

我适当提问（引导更多描述）：“看到你的样子，我已经感觉到肯定有什么事情让你觉得非常糟糕，甚至难以接受（这会让他觉得你理解他）。到底有哪些事情让你感受很不好呢？”（他感受到被理解后，可能会比较愿意向你表达和描述令他感到糟糕的事情。）

如果我们想要解决“非常糟糕”这个问题，安慰他并让他“心情变好一点”，就不能只是告诉他“没事的，一切都会变好的”。这是没有作用的“不走心的解决办法”。

那怎么才是“走心”呢？就是要找到他感到糟糕的根源问题，再给出方法。

如果上述过程进展顺利，通过观察和描述，我们就可以将“非常糟糕”这个模糊的感受和信息分拆掉，分拆成一件或多件“令人感到糟糕”的事情（关于更多“分拆”的方法，下一章节会有详细介绍）。

接下来，沿着“拆解式提问法”的步骤和流程，不断拆解，不断提问，不断分析和思考……就能找到问题是什么，以及怎么解决。

面对人际关系中的日常沟通交流问题，拆解式提问六连环模型中的观察和描述这两个前提条件发挥的作用就非常重要。它们是破冰的斧头，也是引出后续提问流程的重要开端。拆解式提问法的观察和描述环节可以分为四步来练习。

（1）观察自己或他人所处的状态、当前面对的境况、可能的事实或可能存在的问题等。

（2）尽可能细致地描述你或他人所处的境况、困境、面对的问题，描述得越详细越好，并且尽可能地记录下来。在自己描述或倾听他人描述时，尽量不加额外的评论，以免影响后续的分析和判断。

（3）诊断详细描述中哪些是关键性信息。只有详细地诊断（观察、倾听、觉知、体会）自我或他人，并详细描述出来，才能为“发现问题”找到切入口。

（4）抓住模糊但又重要的信息，适当提问，进一步挖掘（描述）更多细节信息。

无论是帮助学生解开项目中的疑惑，还是协助“面对棘手问题”的父母解决问题，抑或在分享会上与他人沟通困境，在与他们沟通的开始，我除了会认真观察和倾听，通常都会先让他们尽可能地去“描述发生了什么”“描述感受是什么”“描述他们认为的问题是什么”，这个阶段我已经自然而然地进入拆解式提问法的前两个环节了（观察和描述）。

八、利用“剥洋葱”拆分法找出问题源头

在观察和描述环节进行的过程中，正如我们前面强调的那样，我们需要对观察到的信息进行详细描述，或者让面临困

境的他人详细描述他“正在经历什么”。

当我们自己详细描述时或者在倾听他人详细描述时会发现，大量的细节信息会慢慢地呈现出来。此时，我们需要保持专注和信息敏感性，去捕捉那些模糊的但又有可能是重要的信息，然后要针对这些信息进行适当提问，直到更多细节信息出现。这个过程，其实就是拆解式提问六连环模型中的“分拆”环节。

分拆的前提是“描述”，是我们已经掌握了一定量的描述信息。针对这些描述信息进行“分拆”时，会出现两种分拆情况。

第一种情况是，某些信息比较模糊，但比较重要，我们需要把它们“拎出来”进一步判断，并且需要让当事人描述更多细节信息，从而让模糊信息越来越清楚。这种情况，正是我们之前讲到的。

在这种情况下，分拆的方法是：通过提问的引导，让当事人把“抽象的”词语分拆变成“具体的”事情，把“大而空”的概念分拆变成“小而实”的事情，把“模糊的”词语或概念分拆变成“清晰的”事情（见表 3–5）。

表 3–5　分拆前与分拆后信息对比

分拆前的描述信息（案例）	分拆后的描述信息（案例）
抽象的（比如，印象不好）	具体的（比如，哪些方面造成的印象不好）
大的概念（比如，模式有问题）	小的事情（比如，具体哪个方面有问题）

续表

分拆前的描述信息（案例）	分拆后的描述信息（案例）
空的感受（比如，很焦虑）	实的体验（比如，提到什么事的时候会觉得不舒服、有焦虑感）
模糊的（比如，看到这些数据我就觉得有问题）	具体的（比如，看到这些数据后我发现，有十处数据与后面的实际业务对应不上，我分析可能存在问题）

通过上面的分拆例子，你可能会发现，模糊的信息是无法帮助我们判断问题到底出在哪里的，它甚至会阻碍我们的分析和判断。而我们分拆信息，都有一个明确的指向，那就是以“发现问题或发现原因”为目的去挖掘信息。

分拆后的细节信息，会给我们带来更清晰的判断。比如，当你的朋友告诉你“我最近一段时间很焦虑，经常失眠”时，你会怎么做呢？你一定想帮助他。但帮助他的前提是，要知道“问题出在哪里”、是什么导致他焦虑，如此一来才能真正为他解决问题、提供帮助。所以，我们就需要适当提问：“最近一段时间，具体哪些事情会让你觉得不舒服？”接下来，朋友针对这个问题的更为具体的描述，就会把刚才“空的感受”分拆变成了“具体的让他感到焦虑的事情”。因此，我们就能在这个分拆过程中找到“蛛丝马迹”，分析出“令他焦虑的真正问题”是哪些，以及接下来怎么针对具体的事情去帮助他“缓解焦虑”，从而解决掉他的困惑。

你会发现，在这个分拆过程中，“提问”仍然发挥了不可磨灭的作用。“提问”就像是一把小凿子，一点一点将信息分拆开来，让我们看得越来越清楚。

“提问”如何在分拆中发挥作用呢？让我们把上面的分拆过程案例再进一步明确（见表 3-6）。

表 3-6 “提问”在分拆中的作用

分拆前的描述信息（案例）	提问	分拆后的描述信息（案例）
抽象的（比如，我对这个地方的印象不好）	这个地方的哪些方面给你造成的印象不好呢	具体的（客服人员的态度不友好，晚餐时发现餐具有污渍，卫生间也没有及时打扫……）
大的概念（比如，我觉得模式有问题）	你认为这个模式具体在哪些方面有问题	小的事情（在销售环节过于依赖低价策略而降低了产品在消费者心中的价值……）
空的感受（比如，我感到很焦虑）	想到哪些事情时，你会觉得不舒服、有焦虑感	实的体验（想到我手里还有十件事没有完成，比如……我一下子就会感到有压迫感，非常焦虑……）
模糊的（比如，看到这些数据我就觉得有问题）	通过你的观察，你认为数据具体有什么问题？会有什么影响	具体的（看到这些数据后我发现，有十处数据与后面的实际业务对应不上，我分析可能存在问题……）

除了上面的第一种情况，还有第二种情况存在。我们观察事物、自己或他人状态、境况等之后，获得的描述信息量较

多，里面可能包含着许多关键性的信息（词语），就像一锅大杂烩，我们需要从中分拆提炼出“关键性”信息（判断哪些可能是导致问题的来源）。当然，如果发现某个关键信息是模糊的，那么就按照上面第一种情况，通过提问的引导，将模糊的、大而空的概念或信息分拆成清晰的、具体的事情或信息，直到我们从中找到清晰、明确、具体的信息为止。

我在项目研究中，经常会遇到令人比较头痛的事情，比如，寻找项目研究的具体方向和具体问题（到底要解决什么问题）往往会花费团队成员许多时间。而“发现研究问题”阶段，在科学研究中也常是最扑朔迷离的环节。如果在此阶段运用拆解式提问法的步骤，比如先大量阅读研究资料（观察环节），然后对研究资料讲述了什么进行概述记录（描述环节），接着对这些概述记录信息进行分拆，分析并抽取关键信息（分拆环节），依次进行就会很快找到“研究问题”所在和清晰的目标方向。

我把这个阶段叫作“黑暗探秘时刻”。我们在探索“真正要解决的问题在哪里”时，就好像走在黑暗洞穴之中，不知道真正的出口在哪里，如果此时莽撞，就会四处碰壁，很难找到出口。但如果此时，我们仔细观察周围状态，描述和记录周边信息，并从中提取关键信息，通过对关键信息进行分析，来判断“真正出口”在哪个方向，那么我们找到出口的时间会更快、准确率会更高。所以，拆解式提问六连环模型中的分拆环节，就像是“信息分析处理器”，通过从庞杂信息中抽取核心信息并提炼分析，就能在“黑暗探秘时刻”高效地推动我们发现问题在哪里（真正出口），从而着手去解决。

教师在日常教学工作中，也可以重点运用拆解式提问法中的分拆环节，为自己设计清晰明确的教学方案和教学思路。

在一次有关拆解式提问法运用的研讨小组中，一位小学教师问过我这种方法是否可以解决教学工作中遇到的困惑。我了解到她兼顾着科学课程的授课任务，但是她不希望照本宣科。如何将科学课设计得更好玩有趣是她近期感到困惑的事情。于是，针对这个问题，我与她现场进行了一次拆解式提问法的运用，利用“分拆”帮助她梳理“该如何设计一门课”的问题。以下是详细的分拆过程。

我：“假设最近我们要设计的课程跟水有关，根据你掌握的信息，你觉得针对这个主题，会有什么内容可讲呢？”（提问 1：希望她去描述。）

她：“关于水这个主题，可讲的内容太多了，比如，水是流动的，水是可以蒸发的，水可以蒸发变成云，又可以变成雨，水也可以热胀冷缩，水有表面张力，水在地球上有很多但地球又面临着可用水资源短缺……”（她描述了许多关于水的信息，侃侃而谈，但是显然，如果一节课想要胡子眉毛一把抓的话，并不会有什么亮点和有趣之处。）

我：“在这么多关于水的信息中，你觉得哪一个或哪几个信息是这个年龄段的学生应该首先了解的？”（提问 2：希望她从刚才的多方面信息中，分拆出当前需要的关键信息。同时，也希望她能够按照一定标准先分拆出自己需要在课程中设计的信息。）

她：“我觉得水是流动的物质、水可以蒸发、水变成雨的过程，这些知识点是符合这个年龄段认知水平的。”（此时，她分拆出了初步的关键信息，但是，此时的描述信息是“模糊概念”。我需要让她继续描述这些模糊信息，将它们变成细节信息。）

我：“关于水的流动特点，有哪些具体的表现呢？关于水的蒸发，都有哪些具体好玩的事情？水是怎么变成雨的呢？关于这三个问题，你可以尽可能多地描述。如果遇到不是非常清楚的知识，我们可以查阅资料。”（提问 3：通过更有针对性的提问，希望她补充这三个关键信息的更多细节信息，或许课程设计的有趣内容，就可以从中产生了。）

她：“水的流动有很多好玩有趣的点，比如，水是我们很难挡住的。水的蒸发每天都在进行，我们可能看不见，但是江河湖泊里的水每时每刻都在蒸发，它们跑到空气中，然后跑到天上，变成云，然后变成雨……”（模糊信息变得更清晰，一些细节的事实信息慢慢呈现出来。）

我：“刚才你说水很难被挡住，怎么样去说明水很难被挡住？你刚才说，水的蒸发，我们看不见但每天都在发生，那我们如何才能看见呢？比如有什么方法可用？”（提问 4：通过她刚才描述的细节信息，继续分拆和挖掘更多有趣信息，并且引导她思考这两个信息是否可以设计得很有趣？如果可以的话，怎么设计呢？）

最后，我们通过一步步分拆，找到了有趣的课堂设计方式。比如，在课堂上让学生尝试用手握住水，体验水的流动性和难被挡住的特点。再比如，水的蒸发较难看到，但是怎么才能看到呢？可以让学生观察水被加热的过程。

通过拆解式提问法中的“分拆环节”的运用，我首先帮助她梳理出第一个问题：到底应该将哪些信息设计到课程当中？这样就解决了课程主体内容确定的问题，也就是一堂课中到底该主要讲什么内容的问题。其次，分拆出关键信息后，我帮助她梳理出第二个问题：该如何在课程中对这些关键信息进行设计？这样又解决了课程结构安排的问题。最后，我帮助她梳理出最后一个重要问题：该如何把这些关键课程信息用好玩有趣的方式设计在课程中呢？这样就解决了每一个课程环节怎么展开和怎么上课的问题。

她欣喜地告诉我，这个拆解方法让她顿悟。她觉得无论是什么课堂，当面临无法入手的问题时，都可以运用拆解式提问法来解决。“分拆”可以让许多隐藏的信息变得清晰、立体、可被看到，如果没有“分拆”过程，我们只能在原地不停地打转。“分拆”可以让我们找到入口。在这个过程中，我们的大脑跟随着“提问”在不停地思考，不停地分解模糊或不确定的信息。

除此之外，我们在生活中也经常遇到棘手的沟通问题，比如，父母与孩子之间的矛盾点经常在于“我希望你这样做，才能满足我的期待和需求”，但是孩子并不能理解这些期待和需求。在父母看来，孩子表现出的总是“我就要按照我的想法来”的顶撞。

我与一对父母聊天时得知，他们与正处于青春期的 14 岁孩子之间出现了严重的问题。他们显得孤立无援，不知道如何找到解决现状的突破口。我让他们描述最近发生了什么。孩子母亲情绪有些激动：“这半年以来，我们想帮他提高一下成绩，为他请了指导老师。但是感觉他自己一点也不着急，平时都不去主动复习，也不努力，每次跟他讲话时，他都很不耐烦，有时候甚至直接关上房门不出来。我训过他几次，但是没什么用。不知道这个孩子到底怎么了。现在长大了，真的不听话……我们为他付出了这么多，他怎么就不知道努力呢？”

我很理解这位母亲的心情，在她的描述中我感受到了他们对孩子的期待，希望孩子“更努力一些”。在这些信息中，我认为矛盾问题可能在于“父母的期待并未得到孩子的积极回应”。比如，父母希望孩子能努力一些，但是，孩子并没有做到父母期待的样子。期待和回应之间产生了落差，造成了父母的心理失衡，从而产生了亲子沟通矛盾。

但是，他们的期待到底是什么呢？他们的期待是否被孩子理解了呢？孩子是否努力了？孩子的努力并未满足父母的期待标准？

在这位母亲的大量描述信息中，我分拆出了关键信息——“不努力”，但这个关键信息是模糊概念，不够具体和明确。于是，我请她说明，孩子怎样做才算是努力？她向我解释了自己对努力的理解，比如“每天应该不少于 1 小时的复习时间”，但现在孩子只“匆匆复习不到半小时”就结束。另外，他们认为，“孩子并没有按照制订的计划来进行复习，他并没有章法”。最后，她承认：“当我们希望他能努力一些时，可能是希望他能按照我们的期待和要求做事，而不是固执己见。”

接下来，我继续按照“剥洋葱策略”分拆其他关键信息，比如“孩子直接关上房门之前，他经常会说什么话”等。

整个交流过程中，我明显感觉到，他们的紧张情绪在释放。在分拆的过程中，他们似乎已意识到问题所在，那就是孩子已经有所努力，但不是他们期待的“那样努力”，这就是矛盾产生的根源。另外，孩子认为自己已经在努力，但并不被父母理解，因此会在父母“抱怨和批评时”选择关门沉默的方式来反抗。

最后，我提出一个问题：“你们一直在表达自己的期待和诉求，但有没有询问过孩子，他是否正面临什么不可逾越的困难？”我看到这对父母的眼圈儿突然红了。他们已经发现了问题出在了哪里。接下来他们可能需要进行一次真诚和平等的家庭沟通来缓解当前矛盾。

你会发现，正如“观察环节”和“描述环节”一样，“分拆环节”在拆解式提问六连环模型中与其他环节也并非割裂的。通常情况下，观察在前，描述紧跟其后，与此同时我们需要根据描述信息而不断进行“分拆”，“分拆”的过程又必须配合“提问”而展开。在观察、描述和分拆三个环节，“提问”都不可或缺，发挥着“穿针引线”的作用，并且在每一个环节它都有独特的作用和使用方法（关于这一点会在后面章节中详细介绍）。因此，在完整的拆解式提问六连环模型中，各个环节配合紧密，交叉往复进行，如行云流水，水到渠成。

通常情况下，分拆环节中运用的“剥洋葱策略”大概有四个基本步骤。

首先，捕捉描述信息中的关键信息，对不明确的信息进行分拆。

其次，针对不明确的信息进行“提问”，将模糊的信息分拆成具体的信息、将模糊的事实分拆成具体的事实、将大概念分拆成小概念、将大问题分拆成小问题等。

再次，按照上述步骤，不断对细节信息进行分拆，同时在练习过程中对每一步找到的“关键信息”进行“关键词”记录。

最后，分拆关键信息的同时，要分析判断哪个或哪些信息是最重要的关键信息、有可能导致根本问题的信息。一旦发现这样的信息，重点针对“它们”进行“提问”，以挖掘更多事实、梳理问题。

九、提问：分拆过程中“穿针引线”的工具

通过上面的各种案例，你会发现，我们在发现问题的过程中，其实需要不断地进行观察、描述、分拆信息。

观察后，需要描述观察到的信息，而在描述时，又需要尽可能详细地描述大量细节信息。在描述自己或他人状态、事情本身时，我们需要使用具体的语言、具体的细节事实。如果发现描述中出现了抽象的、概念性的、大而空的语言或词语，就需要通过“提问”进一步引导当事人将这些信息再进一步地解释和具体描述，从而将模糊的信息分拆成具体的信息，就这样一步步地梳理事实并分析所面临的问题。

总的来说，拆解式提问六连环模型中的“分拆”就是把模糊的概念、说法，用具体的描述表达出来。这样才能促进具体问题的发现，不被模糊不清的现象和表面问题迷惑。

分解模糊的，描述具体的，这就是分拆的过程。

我们为什么需要这样一步步分拆呢?

第一，为了寻找和判断出“关键信息”是什么。当我们将信息分拆得越具体，关键信息就会暴露得越发明显。

第二，为了沿着这些“关键信息”去进行下一步的“提问”，从而“顺藤摸瓜”剥离出真正的问题。真正的问题往往就暗藏在这些细节信息里，需要我们从中梳理和分析才能发现。

“分拆”并非只是为了“分拆模糊信息”，也并非为了挖掘所有细节信息。如果“分拆”漫无目的的话，那么“分拆”的过程就会流于形式而变得毫无价值。

那“分拆”的明确目的是什么呢？就是为了“挖掘关键信息”。而“挖掘关键信息”的目的就是“梳理出真正问题的源头”。

其实，在分拆“关键信息”的过程中，我们的大脑始终处于活跃状态，不断地思考和分析哪些是关键信息，哪些可能是真正问题的来源，哪些信息不够充分需要进一步有针对性地进行提问才能获取更多。

所以，我们在分拆的过程中，要对当事人的描述信息保持较为专注的状态，而且要对一些“关键信息”保有敏感性。所谓的“关键信息”其实就是那些我们认为可能是“导致根本问题产生”的信息。这些信息有可能被当事人描述时一带而过，所以我们要捕捉到它们的身影，并进一步针对它们进行挖掘。

可以说，“分拆”是拆解式提问六连环模型中的核心环节，它在“发现问题”的过程中发挥着承上启下的作用。能否高效地在繁杂中帮助自己、他人找到表象背后的真正问题，找到我们“到底要解决什么”，就要看你是否有能力分拆了。

提问可以帮助我们将描述信息中的模糊信息变成细节信息，进而帮助我们分拆出关键信息，从而梳理出更多事实。

我们在分拆过程中，大脑需要不停地判断哪些是关键信息，同时还需要判断这些关键信息是否足够充分。如果不够充分，那么就需要通过“合适的有针对性地提问”，进一步挖掘出更多与关键信息有关的细节信息，以帮助我们分析判断“该关键信息是否是导致真正问题的根源”。

我们观看分拆过程就会发现，“针对关键信息进行合适的提问”就像是一根针线。我们通过提出问题挖掘出更多关键信息，同时也将这些关键信息串联成为一个整体，让我们能以更加全面的视角去分析“问题到底是什么”。

在提问的引领下，模糊的变成了具体的，大而空的变成了小而实的，关键信息一步步呈现了出来。不仅如此，提问让分拆变得有目的、有方向，让“问题是什么”暴露得越来越清晰和明确。

“提问”始终像针线牵引着拆解式提问六连环模型前三个环节的流畅进行，让观察变得更有效，让描述变得更具体，让分拆变得更高效。下面我将通过例子来具体说明如何通过提问的配合而一步步分拆关键信息，从而帮助我们分析和发现问题可能在哪里。

某个部门在某个季度的销售业绩不好，部门员工很沮丧。

这时，我们“观察”到的现象就是“业绩不好”导致“员工沮丧”。

但是，如果只沿着现象去找解决办法，就会南辕北辙。我们的目的是什么呢？肯定是希望找到影响业绩不好的根源问题，以及如何解决这个根源问题。

观察到现象后就需要找到利益相关者（部门主要人员）去描述具体情况和前因后果。在描述信息中我们发现，相关人员提到较多的词是“业绩不好”。“业绩不好”这个描述是“模糊概念”，我们需要获得更多的关于“业绩不好”的细节信息。因此，我们需要对“业绩不好”进行分拆。

针对此，我提出第一个问题：“我观察到最近大家情绪低落，可能是因为这个季度的销售业绩不理想。能具体聊一下，业绩不好的具体表现有哪些方面吗？”

这时，工作人员打开了话匣子，表示：“最近可能是因为天气变冷的原因，顾客比较少，进店后的成交量比较少。现在每个月的压力都很大，顾客进店后我们很希望能成交，但是他们看了很长时间产品后，最后还是走了。感觉越着急，越不行……”

在这一段针对“业绩不好”的细节描述中，出现了大量信息，也包含着工作人员的感受和情绪。我对这些细节信息进行分拆，诊断和挖掘出几个关键信息：近期顾客的进店率低；到店后的成交量少；顾客进店后对产品的驻足时间长。

这几个信息相对来说是“事实性”的信息，是客观的事实。工作人员描述的其他信息有一些是带有情绪的主观判断，比如“压力很大”“感觉越着急，越不行”。

通过从描述信息中分拆出的关键信息，我们可以有初步猜测和判断：影响业绩不好的环节可能发生在“进店前的引流工作”上面，也可能发生在“进店后的销售工作”上面。

接下来，我们需要继续针对上述 3 个关键信息进行分拆，以便在这个分拆过程中找出隐藏的问题。

我们可以根据分拆出的 3 个关键信息进行逐层分拆和提问。

提问：“近期你们的感受是顾客进店率低。顾客之前的进店率是多少？现在是多少呢？”（事实性的提问。）

第一层的分拆和提问，目的在于“明确事实”，进店率低不是一种感觉，而应该有数据支撑。解决问题必须建立在事实基础上，而不是建立在感觉的基础上。

针对第一个提问，工作人员进行了思考，并详细描述了三个月之前的进店率和这个月末统计的进店率数据，并且计算出了这之间的数据差。（解问题，拆解式提问六连环中的第五个环节。）

提问：“进店率变低的话，除了你们提到的天气冷的原因，还有没有其他原因？你们认为这些原因到底有哪些呢？”（核心提问，引导对方思考。）

第二层的分拆和提问，目的在于推进工作人员思考“影响进店的多种因素”，让他们打开思维，想一想有没有更多层面的原因。

“到底……是什么呢？”这样的问句，可以促使我们发散思维，让想法多元化起来，可以让人思考问题背后的原因。

针对第二个提问，工作人员进一步描述了他们的思考和判断，分拆出了社会经济、消费水平、对外宣传力度等多个方面的细节信息。（解问题，拆解式提问六连环中的第五个环节。）

提问：“在上述分析的原因中，哪个或哪几个原因你认为是影响进店率的最主要原因呢？”（核心提问，引导对方聚焦思考。）

“什么……是最……”或者“最……是什么”这样的问句，可以让我们将思维再次聚焦在一处，并引导我们深度思考一个焦点问题，可以促进我们思考的深度，挖掘到更深层次的信息。

第三层的分拆和提问，是在第二层的描述结果基础上继续挖掘关键信息，目的在于让他们思考和分析“最核心的原因”是什么。

针对第三个的提问，工作人员给出了进一步的描述信息。（解问题，拆解式提问六连环中的第五个环节。）

通过对关键信息进行逐层分拆和提问，我们试图明确现在的真实状况是什么，以及尝试发现“影响进店率的真正问题到底是什么”。比如，真正的问题可能是“对外宣传没有达到效果”，而不是“天气冷”。

接下来针对第二个关键的事实性信息“到店后成交量少”进行逐层分拆和提问。

提问：“到店后的成交量少，有具体的数据吗？比如，每月的到店数量和成交数量分别是多少？这个转化比例是高还是低呢？”（事实性提问。）

第一层的提问，目的仍在于“明确事实”。针对第一个提问，工作人员拿出了前后的数据进行详细说明，并对比和计算出转化比例下降的幅度。（解问题，拆解式提问六连环中的第五个环节。）

提问：“如果到店后的转化比例变低，你们认为，到底哪些方面的原因影响了成交转化？是销售流程、销售态度、销售策略……还是其他？”（核心提问，引导对方思考。）

第二层的分拆和提问，目的在于推进工作人员思考“影响成交转化的多种因素”，让他们发散思维，延展思考各个销售环节是否存在问题。

针对第二个提问，工作人员细致描述了他们的分析和思考结果，可能的影响因素包括“有些人员服务质量差”“缺乏严格的进店流程培训”“价格问题”等。（解问题，拆解式提问六连环中的第五个环节。）

提问：“在上述分析的原因中，哪个或哪几个原因你认为是影响成交转化的最主要原因？”（核心提问，引导对方聚焦思考。)

针对第三个提问，工作人员继续思考并进行描述（解问题，拆解式提问六连环中的第五个环节）。第三层的提问，是在第二层的思考结果上继续分拆和挖掘关键信息，目的在于让他们思考和分析“影响成交转化的最核心原因”是什么。

通过对关键信息进行逐层提问，我们可以逐渐梳理并发现“影响到店后成交转化的真正问题是什么、有哪些”。

接下来针对第三个关键信息“顾客进店后对产品的驻足时间长”进行逐层分拆和提问。

提问:“根据你们的观察，顾客进店后驻足时间长，那么，他们都在看什么产品呢?”(事实性提问。)

第一层的提问，目的在于让工作人员顺畅地回忆细节，并尽可能详细地描述现场的情况。

针对第一个提问，工作人员回忆了不少关于顾客进店后的状态和细节信息，比如，有些顾客将产品拿在手里反复查看并试用，有些是看了几眼价格标签就很快离店，有些与店员进行了较长时间的咨询但最终并未购买，等等。(解问题，拆解式提问六连环中的第五个环节。)

提问:“顾客到底关注产品的哪些方面呢?他们和你们都交流过哪些方面的信息呢?”(核心提问，引导对方思考。)

第二层的提问，是针对上一层的描述信息进行的追加提问。目的在于，让工作人员更深入思考，剖析顾客所关心的问题是什么。

针对第二个的提问，继续进行信息分拆，工作人员对该提问进行了更多的分析描述。（解问题，拆解式提问六连环中的第五个环节。）

提问：“通过你们的关注和交流，你们认为，顾客最在意什么？是产品价格、产品质量、服务体验还是其他？”（核心提问，引导对方聚焦思考。）

第三层的提问，又是在第二层的分析描述信息中，再次推动工作人员深入思考：众多因素中，哪个是最主要的，顾客到底最在意什么。

因此，第三层就是追根溯源，试图通过前面分拆的细节信息挖掘“顾客没有成交，顾客到店后成交量低”的真正问题是什么。

这个真正问题，有可能是价格高导致的，有可能是顾客认为产品质量不好、性价比低而导致的，也有可能是因为服务体验不好而导致的。究竟是哪一个，需要我们继续通过拆解式提问法的分拆过程来分析和挖掘。

无论最终发现的真正问题是哪个，只要能够精准发现并挖掘出本质问题，就能够打开解决问题的通道，最终找到创新解决方案。

通过上面案例，我们可以较为清晰地看到“拆解式提问法”中的“分拆”和“提问”的紧密配合过程。通过不断地逐层“分拆”关键信息，再逐层根据关键信息提出新问题，提问先推动着我们发散思考，又引领着我们聚焦思考，最后让我们一步步发现隐藏在角落里的真正问题。

所以，通过“分拆关键信息”去梳理信息之间的蛛丝马迹及前因后果，是一个重要过程，不断推动着我们“发现和提出问题”。在问题解决思维逻辑过程中，“拆解式提问法”不断沿着“提问促思考流程”前进，通过提问提升观察力、挖掘更多信息、分拆和梳理关键信息，从而一步一步“发现和提出真正的问题”。

在过往大量的实践过程中，我运用拆解式提问六连环模型帮助自己和他人发现了许许多多隐藏在各处的问题。由上面的案例分拆过程可以看出，拆解式提问法不仅是一种可以引导我们发现核心问题的方法论，也是一种提问的底层思维逻辑。它让那些隐藏在表面现象之下的核心问题逐层暴露在我们面前。

拆解式提问六连环模型可以帮助我们在工作中复盘项目、复盘业绩、复盘 KPI 等执行情况，通过不断分拆关键信息，助力我们发现“真正问题”到底在哪里。

拆解式提问六连环模型可以帮助我们在教师教学、家庭教育中寻找更好的沟通和教育方式，发现教育过程中存在的矛盾问题，并解决掉它们。

总体来说，拆解式提问法的本质是，通过不断地分拆关键信息而逐步破解“问题到底出在哪里”，帮助自己或他人更好地、更准确地厘清混沌的状态，抽丝剥茧地找出问题所在，并且能够在这个过程中，通过不断地分拆和提问，让自己或被提问者明确知道“我要做什么”。

这个过程就好比一个人有宏伟战略，团队成员却不能理解这个战略。如果想让团队能够精准执行该战略并达到预期目标，就需要这个人把战略分解成清晰明确的路径，只有这样战略才能最终落地和被最大化执行。

第四章

用“提问”打开思维

一、问题能做什么

在前文中，我们已经多次用到了"提问"。在观察环节，提问可以训练观察力；在描述环节，适当的提问可以引导当事人描述出更多细节信息；在分拆环节，"提问"又可以帮助我们不断分拆细节信息、挖掘关键信息。

"提问"存在于拆解式提问六连环模型中的每一个环节中。只不过，在不同的环节，"提问"发挥的作用和达到的目的是不一样的。

不同环节用到的"提问"方式也有所差别。比如，在观察环节，我们通过设计"提问"来训练观察力，这时最常用的提问方式是"……是什么样的""……是什么……"。比如，它是什么状态？是什么颜色？是什么心情？等等。

在描述环节中，我们运用的"提问"方式就会有所不同。描述环节用到的"提问"语句，是专门针对某个模糊信息进行的，会常用到"……到底怎么样""……是什么导致的""……能有更详细地说明一下吗"等。

在分拆环节，"提问"与分拆的衔接更加紧密。在这个环节,"提问"方式更加深入，一方面我们通过"提问"不断分拆模糊信息，另一方面我们还会专门针对分拆出来的关键信息进行重点提问，试图挖掘"深层原因"。可以说，在这个环节，提问的目的开始走向"探究背后的问题"，提问语句也有了一定的变化，除了会用到"……是什么样"，还会用到"到底……是什么呢"。这样的问句可以促进对方思考，并且能够让对方扩大思考的范围，使其想法多元化，帮助其探究更多深层原因。还有一种提问方式是"你认为……是最……的"，这样的提问方式是对"为什么"的进一步推动，让被提问者的思维再次聚焦，助其分析众多因素、环节、猜测中哪一个才有可能是最核心的那个。

如此看来，分拆环节的"提问"的确是为了逐层分拆细节信息、不断挖掘关键信息、不断梳理和探究"问题是什么"而服务的。

拆解式提问六连环模型中的第四个环节"提问"，是从服务第三个分拆环节而开始的，当我们通过分拆获取到更多细节信息后，就需要从细节信息中分析和提炼出"关键信息"，目的就是促进第五个环节"思考与表达"（解问题）的进行，从而获取到"关键信息"的更多细节内容，最后再去分析判断"问题是否出自这里"。

这样看来，第四环节的"提问"既是针对关键信息进行的专门挖掘，又是推动"分拆过程"不断进行的"钥匙"，它将第三个环节（分拆）和第五个环节（解问题）串联起来，使得“分拆”和“解问题”顺畅进行，密不可分，形成“拆－解”的循环过程。正如拆解式提问六连环模型图中描述的那样。

因此，在“拆－解”逐层和交替进行的环节中，针对关键信息进行的“提问”也必然是根据需要而循环进行的。

我们可以将这个内循环过程进一步放大，用单向示意图的方式更清晰地认识该内循环过程，从而理解“提问”在整个过程中起到的作用（见图 4–1）。

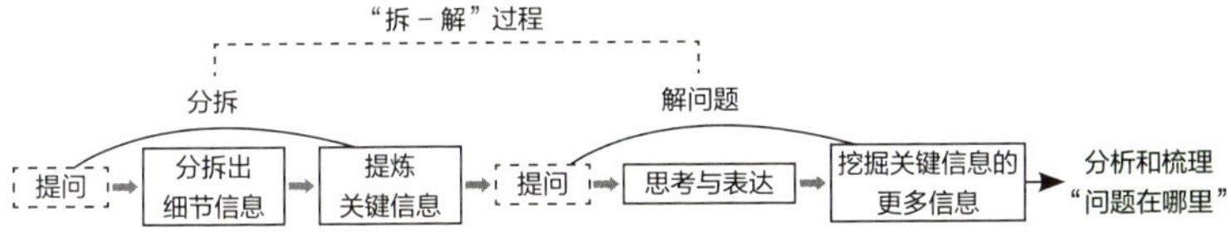

图 4–1　拆解式提问六连环模型中的“拆－解”过程

在拆解式提问六连环模型中，“提问”贯穿分拆环节，也不断促进“解问题”环节的进行。

所以说，“提问”是一种方法，也是一种工具。我们在需要的时候，都可以通过“提问”来实现目的。

那在拆解式提问六连环模型中，提问的真正目的到底是什么呢？简单直接地说，就是通过“适当”的提问方式，来帮助我们获取更多“隐藏的有价值的信息”，从而让我们从这些隐藏的细节信息中发现潜藏的真正问题。

当然，“发现问题”并不是我们的终极目标，“发现问题并创新性地解决问题”才是拆解式提问法的真正目的。所以，找到问题所在之后，在如何解决问题的过程中，拆解式提问法同样可以发挥奇妙的作用。不断提问和拆解，可以帮助我们找到解决问题的最佳方案。（在后续章节中，会详细介绍拆解式提问法如何帮助我们创新性解决问题。）

二、宽口提问和窄口提问

既然了解了提问的过程是不断分拆和挖掘更多信息的过程，那么在描述环节以及最核心的“拆 - 解”环节，我们到底该如何提问呢？什么样的提问方式才是“合适的”呢？

想要找到合适的提问方式，首先就要十分明确：我们提问的目的是什么？我们希望达到什么样的期待效果？

比如，在前文许多案例中，当事人可能遇到了困境或问题，希望寻求帮助。我们在观察他们所处状态的基础上，引导他们详细描述遇到的问题。我们的目的是：让他们能够“打开话匣子”，慢慢地表达出他们看到的、听到的以及心里的想法和感受。

在描述环节，提问具有“引导”作用。提问可以引导对方慢慢打开自己的思绪，娓娓道来一些错综复杂的信息，沿着较为“明确的方向”去表达，从而让混乱的信息一点一点呈现出来。

所以在描述环节，最常用的提问方式是"宽口提问"。

"宽口提问"主要是指，提出一些"宽泛的问题"，让对方能够初步回答和描述出来，开启说话的由头。比如，"你认为……怎么样？""你如何看待这件事？""当时的情况大概是怎样的呢？"等。

比如，当我观察到朋友情绪低落、十分沮丧的时候，我希望帮她梳理出问题是什么。所以，我需要通过提问打开沟通的切入口，让她愿意表达和描述更多信息。这时提出"看到你状态不太好，是发生什么事情了吗？"就是宽口径的问题。她接下来的表达和描述多数会与"发生了什么不愉快的事情"有关。之后，我会从她的描述信息中，找到关键信息，再继续进行有针对性地提问。

在我们与他人建立沟通的起始，"宽口提问"是比较合适的，有助于我们找到沟通的切入口。因为宽口径问题并不设置明确的限制，可以让被提问者从多个角度或多个方面进行回答和描述，让他们在相对放松的状态下慢慢打开思维，从而描述出更多信息。

十几年前，我在媒体从事记者工作。记者最基本的工作就是研究行业并进行采访。采访能力的高低一方面取决于对采访对象的了解程度，另一方面则需要会"更好地提问"。学会"如何提问"成为我日常研究的一部分。

提问的目的是从采访对象那里挖掘更多未知的信息，通过“合适的”提问方式，让采访对象“有兴趣”或愿意表达和描述更多信息，并且要根据采访对象描述的信息快速捕捉到关键点，然后根据这些关键点继续进行“追问”，从而获取更大量有价值的信息。这其实跟拆解式提问六连环模型中的描述环节、分拆环节和解问题环节（拆 – 解）有异曲同工之处。

可是，怎么才能让采访对象“说”更多信息呢？提问题的方式和技能起到了决定性作用。比如，第一个问题要怎么提问？第二个问题问什么？后续问题该如何设计？等等，这些工作要提前进行缜密思考和设置。

在这些问题中，最重要的问题往往是第一个问题。从第一个问题开始，与采访对象建立起沟通关系，让采访对象打开话匣子，进行初步的表达和描述，如果这个环节能顺利进行，我们与采访对象之间的距离就会逐渐拉近，后续的提问就会比较容易深入进行下去。

可是，第一个问题该怎么问呢？我的答案是“宽口提问”，也就是，设计宽口径问题，让采访对象“有话可说”。

我的第一次采访任务的对象是某个知名 IT 品牌的中国区负责人。采访前，我进行了大量信息搜集工作，并仔细研究了以往的报道。我为此设计了许多采访问题，并反复调整顺序，希望能够通过这次采访获得更多不一样的信息。即便做了充分的工作，但我依然很紧张，因为面对一个陌生的采访对象，是否能与他建立顺畅的沟通关系，是采访成功与否的关键。

这个关键，我认为主要在于第一个问题是什么。

我设想了许多开场问题，最终决定以这个品牌最近发生的一个公共事件为切入口进行“宽口提问”。“最近有一些关于 ×× 产品的不太积极的报道……您对这件事有什么看法？”我问道。接下来，采访对象描述了许多关于他对这件事的看法、感受、评价和态度，并对实际情况做了一些新的说明。他侃侃而谈，我的采访状态也逐渐放松下来。接下来的诸多提问都十分顺畅。我从采访对象描述的大量信息中，不断分拆新的关键信息，并不停进行“追问”，最终挖掘出了很多有价值的可报道信息。

无论后续的提问多么精彩，对我而言，第一个问题永远是“打开沟通大门”“建立顺畅沟通关系”的钥匙。我们通过“宽口径问题”，慢慢打开他人的交流欲望，而我们也能从他们最初的描述信息中逐步寻找出关键信息的蛛丝马迹。

第一次采访任务顺利完成且超出我的预期，这让我开始痴迷研究“提问”的价值和作用。在后面诸多的采访任务中，我始终遵循着第一个问题“宽口提问”原则，先从现有大量信息中观察和研究“从什么地方切入提问”，从而制定第一个“宽口径问题”。

“提问”能够指引我们与他人建立有效连接，并帮助我们在这个过程中获取关键信息从而帮助自己或他人发现问题和解决问题。

所以，在使用拆解式提问六连环模型去发现问题和解决问题时，我们在第二个环节（描述）的一开始，多使用“宽口提问”方式，可以打开话题切入口，让当事人有表达欲。并且，正如我们前面章节所讲，在描述环节遇到“模糊信息”时，我们仍然可以用“宽口提问”方式，让当事人继续描述关于“模糊信息”的更多细节信息。

因此，在描述环节，采用“宽口径问题”进行提问，非常有助于我们打开交流沟通的切入口，从而获取更多细节信息，以此来帮助我们挖掘和找到更多的“关键性信息”，为后续的“拆－解”环节顺利展开做好铺垫。

一个朋友面临着是否搬家去海南的艰难抉择，她过来咨询我。此时，我有两种选择，第一种是直接给出我的建议，希望她接受。比如，我可以对她说：“你为什么不搬到海南呢？海南环境好，适合生活……”这里我采用了“为什么……”的问句。这种提问方式，并没有帮助朋友解决让她“内心纠结”的真正问题，并且“为什么”的提问方式给她的回答加上了限制，只能让她沿着“为什么不”这个方向解释原因，从而让她的回答窄化。

不过，我也可以有第二种选择，那就是帮她梳理艰难抉择的原因是什么，帮她梳理去海南会有什么样的生活变化和意义，以及留在目前城市未来的生活状况和意义。只有帮助她发现了本质的矛盾问题，她才会心甘情愿地做出选择。这时，我希望她能描述更多关于生活在不同城市的畅想，于是采用了“宽口提问”的方式：“你觉得如果搬去海南，你的生活会是什么样的？”

“……是什么样的”这个问题就是宽口径问题，可以让朋友有充分的表达空间。在这个提问的促动下，她向我描述了未来她期待的生活场景细节，比如“田园生活与时光”“慢下来的节奏”“身心愉悦和放松”“不再有焦虑感”“做自己喜欢的事”“养一条金毛犬”“写一本计划了10年的书”，等等。

她描述的未来生活如此美好和惬意，仿佛她已经去到那里很久了。接下来，我提出另一个宽口径问题：“如果留在现在的城市，你的未来生活是什么样的？”正如我预期的那样，她对这个问题的回答描述要简略得多，刚刚眼神中流露的光也似乎暗淡下来，许多细节信息也开始集中在“千篇一律的生活线条”“复杂的人际关系”“一成不变的、没有挑战的工作内容”等上面。

我进一步提出第三个宽口径问题：“当你想到幸福的生活时，你会想到什么地方？会想什么呢？”她畅想的幸福生活是安静又从容的，是充满乐趣与希望的，是将兴趣爱好和工作紧密结合在一起的。我静静地倾听她对美好生活的憧憬和描绘，看着她喜悦的样子，我知道我已经帮助她发现了内心的矛盾问题。现在她不必再纠结如何选择，因为她已经找到了答案和解决办法，甚至已经开始为未来设定新的目标了。

当然，我们在遇到困境时，如果想帮助自己逐步发现问题、解决问题，同样可以在拆解式提问六连环模型的描述环节和分拆环节，利用“宽口提问”方式向自己提问，打开自己心扉，梳理好复杂的心绪，让模糊的信息慢慢变清晰，从而发现我们到底面临着什么问题。

除此之外，在日常生活中，当我们希望他人“打开话匣子”倾诉、表达、描述更多信息时，我们同样可以使用“宽口提问”方式。“宽口提问”就像是深度沟通或深度分析前的“热身运动”。

首先，要明确宽口提问的目的。采用宽口提问方式，一般是为了与对方建立良好的沟通关系，打开沟通切入口，快速搭建沟通桥梁，让对方在相对宽松的范围内和放松状态下慢慢表达。

其次，宽口提问的问句中涉及的概念范围一般比较宽泛。宽口提问不设明确的框架限制，不尖锐，为被提问者创造了足够的回答空间，可以鼓励他们多角度自由回答和描述。宽口提问多使用“……怎么样”“怎样……”“……是什么样的”“……是什么”“……的意义如何”“如何看待……”“你认为……如何”“……感觉 / 感受如何”等大而宽泛的问法。

这些宽口径问题中，有的是属于“观察性问题”，希望被提问者能够描述看到了什么、听到了什么、感受到了什么；有的是属于“描述性问题”，希望被提问者描述事情是什么样的、某件事的意义/价值是什么等；有的是属于“感受性问题”，希望被提问者描述“对某件事的感觉怎么样”“对……有什么样的感受/态度”“对……如何产生影响”等。

以下是部分场景下利用“宽口提问”方式来提问可能获得的效果（见表4-1）。

表4-1　不同场景下宽口提问的效果

宽口提问	效果
你觉得这款产品怎么样？你认为它有什么问题	被提问者会围绕产品本身提供许多看法、体验、问题等方面信息
你理想中的生活是什么样的	可以激励被提问者对理想生活进行畅想和描述，帮助他们打开思维和想象力，跳出现有思维框架
你觉得孩子现在遇到了什么困难	引导被提问者思考孩子遇到了哪些困难，让他们描述出未曾留意到的细节信息
你们之间出现了什么问题	让被提问者重新梳理日常社交关系/亲密关系/亲子关系可能存在的矛盾，鼓励他们表达和描述更多相关信息
面对这种情况，你有什么样的感受	搭建沟通关系，为被提问者创造表达和描述内心情绪、感受的机会
在这个环节，遇到了什么困难	挖掘更多未知信息，引导被提问者观察和思考当前的困境来源以及可能的多种影响因素
这个项目的研究方向，可能有哪些？有哪些别人没有研究过	激发被提问者探寻更多未知信息，进一步搜集、整理和分析现有资料，帮助其梳理努力的方向

续表

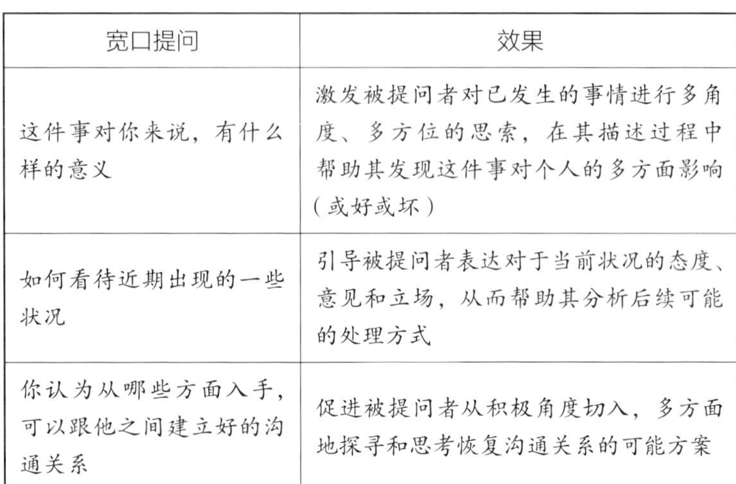

宽口提问	效果
这件事对你来说，有什么样的意义	激发被提问者对已发生的事情进行多角度、多方位的思索，在其描述过程中帮助其发现这件事对个人的多方面影响（或好或坏）
如何看待近期出现的一些状况	引导被提问者表达对于当前状况的态度、意见和立场，从而帮助其分析后续可能的处理方式
你认为从哪些方面入手，可以跟他之间建立好的沟通关系	促进被提问者从积极角度切入，多方面地探寻和思考恢复沟通关系的可能方案

表格中列举的是生活、工作、家庭、研究等领域可能发生的场景，我们在这些场景中遇到一些困境并需要获得帮助时，可以利用拆解式提问法中的“宽口提问”方式开展描述环节、“拆 – 解”环节，鼓励当事人（也包括我们自己）表达更多信息，打开信息切口，从而让我们更快地帮助其发现问题和解决问题。

当前你在生活、工作中如果遇到了困境，尝试利用拆解式提问六连环模型中的前四个环节（观察、描述、分拆、提问）来发现你面对的真正问题时，可先利用“宽口提问”方式找到探索的切口。

宽口提问可以帮助我们在描述或分拆环节获得更为宽泛的信息，因为宽口径问题可以鼓励当事人打开思维，激发他们自由表达和描述多角度的信息。但是，在我们后续探寻真正问题的过程中，宽口提问方式就不太适合了。我们要探究某个现象背后的原因，寻找蛛丝马迹、分析本质问题的时候，适合采用“窄口提问”方式，把宽口径问题变成窄口径问题。

什么是窄口径问题呢？窄口径问题与宽口径问题是相反的。窄口提问非常聚焦，它是针对某一个事实、某一个具体的信息来进行有针对性地提问，并且希望从中获得已知信息背后更多的信息，比如，希望获得原因、影响因素、因素跟因素之间的关系等方面的信息。

举个例子，当我们在描述环节提出“你觉得这款产品怎么样”这样的宽口径问题时，当事人可能会围绕着产品的性能、用户体验、外观等方面进行多个角度的描述或评价。假设我们从描述信息中分拆出几个关键信息，其中之一是“用户体验”，那么接下来我们就应该继续针对“用户体验”进行提问，从而继续拆解信息。

所以，当我们希望进一步了解用户在使用产品时遇到的问题时，就需要转变提问的方式，用更加“明确的”提问来探究深层信息。比如，我们可以提问“在使用产品的过程中，哪个方面的体验让你感到不满意”，这就是“窄口径问题”，它的问题设定了回答范围，希望被提问者沿着一个方向，进行具体的回答和描述，以帮助我们探测到更多深层的有价值的信息。

如果说宽口提问是一个“大而宽泛”的问题，那么窄口提问就是一个“小而窄化”的问题。宽口提问主要是为了激发被提问者进入沟通状态。窄口提问主要是为了在现有的信息中，继续深挖新的信息和更为明确的信息，以帮助我们探究“真正的问题”到底在哪里。

因此，在探究“背后事实”或“导致问题出现的原因”的阶段，我们更适合把大问题化解成小问题进行提问。小问题就是具体的问题，也就是窄口径问题。

在拆解式提问法的流程中，当我们通过宽口提问打开了沟通关系，获得了宽泛的信息后，我们要从中分拆和捕捉哪些信息是关键性的。这些关键信息对我们接下来梳理问题是非常重要的。接下来，我们要对分拆出来的关键信息进行窄口提问，提出具体的和有针对性的问题。比如，“刚才你说的这件事具体指的是什么呢？”“你刚才提到他不努力，那他不努力的具体表现是什么？”这样的问题，就是窄口提问。

通常情况下，窄口提问的问句中多使用“……是最……”“到底是哪种……”“影响……产生的主要因素是什么”“为什么会……”“为什么这一点你觉得最……”“针对……我 / 你有哪些具体的想法”“我看到 / 了解到……这究竟是什么呢”，等等。总体来说，窄口径问题主要针对某一个具体的事实、原因等进行有针对性地提问，希望被提问者能沿着问题设置的方向给出较为明确和详细的描述信息，从而助其挖掘出深层信息并梳理问题。

我举个例子来说明“窄口提问”的应用情况。比如，“你认为影响这件事发展的原因有哪些呢”这个问题就是一个宽口径问题，可以让被提问者多角度发散思考，被提问者的回答可能是多方面的，假设有ABCD四种因素，接下来我们就需要进一步聚焦分析是哪个因素产生了主要作用。这时就要提出窄口径问题，比如，“你认为这些因素里哪一个产生的影响最大或最重要？”假设我们通过初步分析和判断，发现C因素可能是一个关键性信息，我们需要了解关于C因素的更多信息，那么就要针对关键信息C再进行有针对性的窄口提问，比如，“在这个过程中，你觉得C因素到底发挥了什么作用？”“关于C，具体的情况到底是什么呢？”“你觉得C和其他因素之间有什么关系？”等。

窄口提问让被提问者的思考变得聚焦，让他们能够更深入地去想、去对比、去分析，从而给出一些非常具体的方向和描述信息。

这样看来，宽口提问方式通常是在描述环节和分拆环节的开始阶段使用，一方面是为了建立沟通，另一方面是当我们认为当事人表达的某些信息较为模糊时，使用宽口提问可以获取更多信息。当我们逐层进行分拆时，需要捕捉和挖掘关键信息和深层次信息，这时就需要使用窄口提问方式，针对“关键点”不断提问，不断地分解和挖掘信息，直到那些导致核心问题产生的信息出现为止。

在日常教学和项目研究中，我经常运用拆解式提问流程带领学生不断拆解和梳理他们对某些问题的困惑。宽口提问和窄口提问在流程中的交替使用，可以让拆解过程变得顺利而高效，让他们快速而轻松地理解“我们到底要做什么”“什么才是我们应该主要解决的问题”“我们应该从哪里入手去调查研究”。

在一次项目研究中，我们的任务是对“国内某短视频平台对年轻人产生的影响”进行跟踪研究。对项目团队来说，这个任务该如何展开，到底从哪些方面入手调查研究，是一次不小的挑战。因为这个主题有些庞大，大家不知该如何下手。

首先，我让团队成员下载并花费一周时间去体验该平台，并且在体验过程中做好体验记录，一周后我们再进行讨论。（拆解式提问六连环模型的第一个观察环节启动。）

一周后，我们聚在一起，讨论“一周时间，体验到了什么？包括哪些方面？”（宽口提问）每个团队成员不再像之前那样沉默，纷纷描述在这一周时间里自己是如何使用的。有些人描述了自己与朋友分享短视频的经历，有些人讲述了自己在其中购物的细节，有些人描述了自己的心得体会，等等。（拆解式提问六连环模型的第二个环节描述。）

接下来，我提出第二个问题：“通过大家的讲述，我们获得了许多信息，能否针对这些信息汇总一下，短视频平台对我们到底产生了哪几个方面的影响呢？”（窄口提问，进入拆解式提问的分拆环节。）

团队成员针对这个提问，开始基于大家描述的大量信息进行归纳总结，角度包括使用行为、消费行为、心理感受、分享行为等方面。（这其实就是对宽口提问获得的信息进行分拆的过程。）

我继续提出第三个问题：“根据你们个人的体验和经历，你们认为短视频平台对自己哪方面影响最大？为什么呢？”（窄口提问，促进他们思考众多影响中哪一个最大。）面对这个问题，团队成员的回答开始出现区别，不同人的体验和感知是不同的，不过最终多数人认为“对自己的使用行为和心理感受”两个方面影响最大。（继续进行“拆－解”环节，提炼关键信息。）

第四个和第五个问题被提出：“你们认为，对自己的使用行为到底产生了哪些方面的影响？”“使用过程中，对你们的心理感受究竟产生了哪些影响？”（分别针对使用行为、心理感受两个方面进行的窄口提问，此时“拆－解”环节更加深入，继续向纵深挖掘信息。）团队成员针对这两个窄口径问题都分别进行了具体的描述，角度虽然不同，但也有许多相似之处。

接下来，我让他们继续花费两天的时间去研究和回答两个问题：目前有关“短视频对年轻人使用行为、心理感受的影响”方面的数据是否充分？有哪些方面不够充分？（窄口提问，提问方向十分明确，指出具体的行动。此时“拆－解”环节继续进行。）两天后，他们在讨论会上分享了大量搜集回来的信息。

拆解式提问流程到此并未结束，我提出最后一个关键性问题："你们认为，目前哪些方面的数据不够充分却有价值，需要深入调查研究？"（窄口提问，对这个问题的探讨可以回答他们最初的困惑。）接下来，他们针对这个问题进行了分析和评价，明确了具体的调查研究内容，并且制订了完善的调查研究方案和执行计划。

整个过程花费了不到两周时间，拆解式提问法帮助我引导他们一步步拆解、层层剥离，最终使他们发现了"究竟要做什么"，找到了明确的解决问题的方向。在这个过程中，我们可以清晰地看到窄口提问方式在纵深挖掘信息方面的强大作用，以及宽口提问如何推动"拆－解"过程不断地逐层剥离，直到我们找到核心问题。

当然，在不同的场景下，面对不同的难题和困境，运用拆解式六连环模型发现问题的过程所需要的时间也是不同的。拆解式提问六连环模型的使用，不以时间周期为衡量标准，而要根据各环节、各阶段的具体行动的推进来进行。

图 4–2 可以让我们清晰地看到宽口提问和窄口提问在拆解式提问六连环模型的"拆－解"环节的运用以及它们是如何发挥作用的。

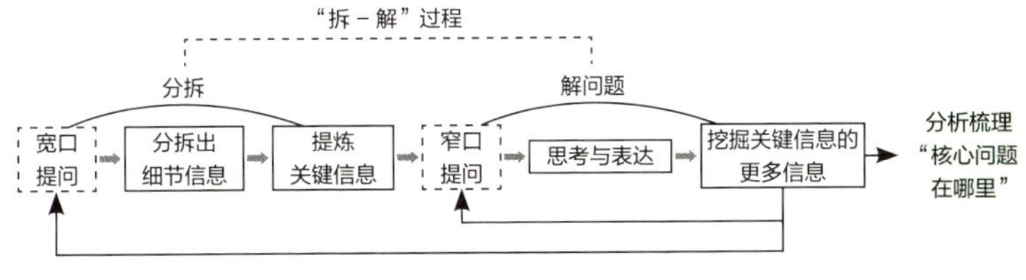

图 4-2　宽口提问和窄口提问在“拆－解”过程中的运用

如此看来，宽口提问和窄口提问在拆解式提问中是相互配合、交替使用的。宽口提问负责打开信息切口，而窄口提问负责沿着切口深挖下去。宽口提问可以拓宽获取信息的范围，像扫描仪一样可以触碰到更多信息；而窄口提问就像一个钻头，一旦扫描到重点位置，则会沿着这个位置往下深挖下去，直到更深层的信息被挖掘出来。接下来，如果需要在深层信息位置再拓宽一下信息的范围，还可以继续采用宽口提问，继续扩大信息“扫描”范围，如再遇到重点信息，则再沿着这个点向下一层挖掘。

宽口提问和窄口提问在“拆－解”环节的交替使用，呈现“倒金字塔”形状，就像探测地下深处的水源一样，逐层扫描、深挖、再扫描、再深挖，直到我们找到确切的水源位置（与最核心问题相关的信息）为止。

我们可以通过图 4-3，更好地理解这个过程。

从图 4-3 中可以看到，拆解式提问法流程中的“拆－解”过程是如何在宽口提问和窄口提问的推动下一步步纵深完成的。

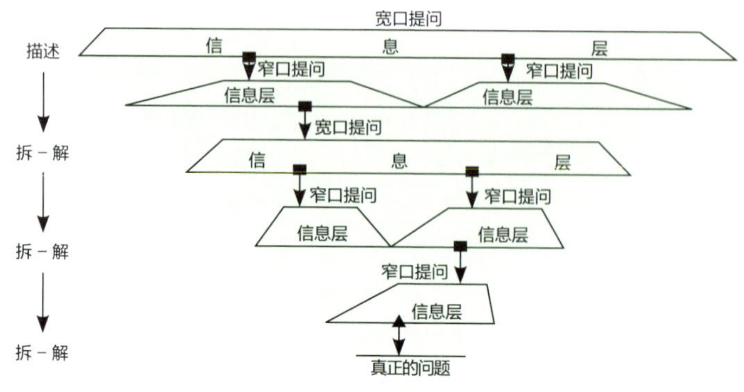

图 4-3　宽口提问与窄口提问的“倒金字塔”模型

注：■代表“关键信息”或模糊信息

▲代表与“真正的问题”直接相关的关键信息

具体来说，大致有以下步骤。

首先，宽口提问打开了信息切口，让我们可以与被提问者建立顺畅的沟通关系，促进被提问者思维发散。从宽口提问（大问题）中获得的一些答案和描述信息，信息范围也较为宽泛（横向层面）。

其次，我们从这些横向层面的信息中梳理、分析、挖掘、捕捉一些关键性的信息，然后，以关键信息为切入口，进行有针对性的“窄口提问”（小问题），比如，挖掘事实的提问、探究背后原因的提问等。

再次，窄口提问之后，可能会出现一些我们认为关键但较为模糊的信息。那么我们就需要再次采用“宽口提问”方式，比如“对此，你还有什么看法”等宽口径问题，让被提问者能够描述信息。

最后，再根据上述信息分拆提炼关键信息，并进行窄口提问，信息挖掘继续纵深进行，直至找到核心问题。

当然，上面的倒金字塔模型也让我们看到，如何利用窄口提问方式逐层地拆解关键信息、逐层分析和挖掘与“真正问题”相关的关键信息。我们在这样的拆解过程中，找到那些“隐藏很深”的根本性问题，让它们慢慢浮出水面，最终，“真正问题”（宝藏）被找到。

对窄口提问的总结如下。

目的：以关键信息为切口，挖掘出深层关键信息。

使用场景：在分拆和解问题的过程中扫描到的关键信息较为模糊、细节较为缺乏的情况下。

特点：针对某个特定事实、细节、信息提问；针对背后原因、影响因素等提问；为被提问者设置了明确的回答方向，可引发被提问者的思考。

常用的窄口径问句类型：提出“聚焦型问题”，可以收集更多深层信息。比如，当你看到这座山的时候，你觉得哪些是跟你有关的？提出“原因型问题”，可以探测问题产生的背后因素。比如，“为什么消费者不愿意购买？”因此，窄口提问提出的往往是分析性问题，是可以引发人思考的问题。

三、多问细节

（一）怎么提问，才能让孩子“有话可说”

在日常生活中，我们与孩子交流时，如果希望能够激发孩子的表达欲，希望他们能和我们分享更多信息，就可以采用更为具体的提问方法，比如，提出“事实性小问题”和“细节性小问题”。

事实性小问题，就是针对事情的某一个具体的方面进行提问，问题范围较小。比如，“我看到 / 听到老师表扬你画的画了，老师都说了什么呢？”。这个问题，就是针对孩子“画受到表扬”这件事情的某个方面（老师是如何表扬的）提出的“事实性小问题”。这个小问题的目的就是让孩子来分享具体过程，用事实性小问题为孩子明确“他 / 她应该回答的方向”。

细节性小问题和事实性小问题类似，主要针对某个事情或某个东西的具体细节进行提问，问题范围较窄，而且非常聚焦，也非常清楚明确。比如，当孩子画了一幅作品，但是我们不清楚孩子想表达什么时，就会希望孩子能与我们分享她 / 他的心里想法。这个时候，我们可以采用“细节性小问题”来鼓励孩子表达，让他们知道“我到底该从哪里说起，我该说什么”。“细节性小问题”可以帮助我们激发孩子的语言欲，从而建立亲子之间的顺畅沟通关系。

针对以上案例，我们可以有两种提问方式。第一种提问：“我注意到你画的这幅画很漂亮，你能讲讲你画的是什么吗？”第二种提问：“我注意到你画的这幅画很漂亮，里面有山，有树木，还有一只鸟正在飞，这只鸟是要飞向什么地方去呢？”如果你把自己代入孩子的世界，你认为哪种提问方式，可以让孩子明确地回答出来信息呢？

我们来对比分析一下这两种提问方式。第一种提问其实属于“宽口提问”，或者叫作“大问题”。“你能讲讲你画的是什么吗”这个问题可能会让孩子在较短的时间内无法很好地回答，甚至是“无从说起”。提问的过程就是促进思考的过程，这个宽泛的大问题可能会推进孩子的思考，让孩子陷入思考中，但此时他 / 她的思维和语言表达之间未必能顺畅衔接起来。也就是说，孩子心里想的嘴上未必能说出来。这样提问可能会让语言表达能力还未完善的孩子直接放弃“回答”，或是采用其他方式来避免谈论这个问题，比如，直接跑走，或者说“我不知道”，或者只是表达只言片语。

对于成年人来讲，这个大问题可以打开信息切口，快速建立我们彼此之间的沟通关系，让对方打开话匣子。但是，对于孩子来讲，他们可能无法在短时间内组织语言，清晰地把庞大的信息串联起来。我们无法从他们那里了解到太多信息，也没办法建立顺畅的“你来我往”的交谈环境，这就可能会导致亲子之间的沟通障碍。

那我们再来看看第二种提问方式。第二种提问方式其实属于“窄口提问”，并且属于“窄口提问”中的一种特定问句类型，是专门针对某个具体事实或具体细节来提问的“小问题”。“我注意到你画的这幅画很漂亮，里面有山，有树，还有一只鸟正在飞，这只鸟是要飞向什么地方去呢？”这个问题就是典型的“细节性小问题”，是通过观察到孩子作品中的一些具体细节，比如山、树木和鸟，并针对这些细节进行的具体提问。

“这只鸟是要飞向什么地方去呢？”给了孩子一个明确的回答方向，他 / 她会沿着画作上这个细节去清晰地描述信息。有可能他们的语言表达并不流畅，但是他们给出的有限信息全部是针对“鸟要飞向什么地方”而展开的。从这一点上来讲，这个信息是足够饱满的。

更重要的是，通过这个“细节性小问题”，我们让孩子“有话可说”，并且知道“如何说”，在推动孩子思考的同时，还鼓励了孩子。孩子也会因为感受到“这个问题我可以‘轻松’说出来”，从而打开话匣子。

因此，在亲子沟通时，我们可以多采用“小问题”进行提问。这不仅可以让亲子沟通更加顺畅，也可以帮助我们通过孩子表达得更多信息来了解孩子的心理、状态、面临的困难等。

在一次有关拆解式提问法如何在家庭沟通中应用的小型研讨会上，父母们聚在一起，分享着他们的烦恼。他们认为从孩子那里得不到什么有用信息，不知道孩子的心里想法，也不知道孩子平时在学校都发生了什么事。他们觉得自己并不了解孩子。我把这些困惑大致分成了四种情况。

第一种情况：“我不知道孩子每天在学校或幼儿园到底都发生了什么事？有没有被批评？有没有被表扬？有没有跟其他小朋友闹冲突？孩子平时在我面前没有说过这些情况，有时候问也问不出来。”

第二种情况：“我很想知道他现在心里的一些想法，他怎么看待同学或同伴之间的关系？他跟谁关系好？他如何看待老师和同学？我好像对孩子的心里想法并不了解。尤其现在我们都很忙，没有很多时间陪伴孩子，也没有太多精力去观察孩子。”

第三种情况：“我想跟孩子交流，也想了解他近期心理上的一些变化，但是他不愿意跟我说。”

第四种情况：“孩子今天去上了辅导班（兴趣班），下课后我迫不及待地想知道孩子这节课学了什么。但是，每次问他，他都说忘了或者不知道。我很怀疑，我花的钱到底有没有让孩子学到什么。”

看看这些场景有没有发生在你和孩子之间呢？如果你面对的是上面这些情况，你会怎么做呢？

既然我们讲的是如何运用合适的提问方式建立亲子沟通关系，那么接下来我首先向遇到这些情况的父母提出一个问题：“你们想知道孩子在学校发生了什么，那么当孩子放学回家时，你们是如何向孩子提问的呢？”

研讨会上的人不以为然，回答的多数是：“我就是问他，今天在学校过得怎么样？”“你今天还好吗？”“今天在学生发生了什么事吗？”“今天在学校都做了什么？”

有一位父亲说：“我们平时不都这样问吗？想知道他做了什么，就直接问啊。”其他人面面相觑，也有人将双手摊开，似乎大家都很默认“就是这么问啊”。

接下来，我提出第二个问题，希望他们能够仔细回忆，当他们提出这些大同小异的问题时，孩子都说了什么？

这个时候，答案也惊人地相似。“那一天放学，一进家门我就给了他一个大大的拥抱，然后迫不及待地问他今天在学校怎么样，结果他推开了我，去找他的玩具去了。我不死心，又走到他面前，又问了一遍：‘跟妈妈讲讲，今天在学校过得好吗？’结果他就回答了三个字：‘挺好的。’然后继续投入他的玩具乐园当中。我很泄气，又很担心，猜想他是不是在学校遇到了什么不好的事情，不愿意说。”这是其中一位妈妈的回忆。她的话引起了在场其他人的赞同，大家频频点头，表示自己家的情况很类似。每次问孩子一些事情时，孩子不是跑掉就是心不在焉，或者干脆说自己不知道。

另外，还有一些人表达了他们的孩子会直接沉默，或者会说“忘记了”。只有很少数的孩子能大致说出一些信息。

我接着又提出第三个问题：“你们有没有想过，孩子并没有按照我们期待的样子滔滔不绝地说出很多你想听的信息，究竟是孩子真的‘无话可说’，还是我们的提问方式不合适？比如，提出的问题并没有激发孩子的表达欲？”

这时，房间里鸦雀无声，大家对于我提出的这个问题有些措手不及。当我很认真地提出这个问题后，所有人都知道这不是开玩笑，一定是有更好的提问方式。但是，大家并不知道“提问方式”到底哪里出了问题。

接下来，我提出第四个问题：“假设你下班回家，家人问你，你今天工作怎么样？你会如何回答？”我开始与大家模拟日常沟通的情景，并建议他们去回忆这些场景。

大家笑了笑，似乎我提出的这个问题也并不好回答。一位妈妈说：“我一般就会说，挺好的。就没有其他了。”一位爸爸说：“我会说，没事，挺好的。其实我工作一天挺累的，问我今天工作怎么样，我不想再回忆工作的内容了。”在场的其他人，也表示他们差不多是如此回答的。

我提出最后一个问题：“作为成年人，当别人问我们‘你工作怎么样’‘你今天工作情况好吗’等问题时，我们都回答不出‘更多的信息’，为什么我们向孩子提出类似问题时，希望孩子能回答出‘更完美的答案’呢？为什么那么期待孩子‘说出更多信息’呢？孩子比我们成年人的语言表达能力差太多。我们总焦虑孩子与我们沟通得少，有没有想过，真正的问题出在我们的‘提问方式’上呢？”

我发现，经过上面的提问引导，在场的人已经能够理解我要说的是什么以及问题出在哪里了。

究其原因，就是我们希望获取某些信息时，采用了“不恰当的提问方式”，所以导致“想要获得的信息”并没有如愿以偿，以至于产生了挫败感。许多情况下，成年人将这种感受归因于“孩子不想说”或归因于外界（比如，是否上课时老师没有好好讲课，所以问孩子学了什么，孩子说不出来），于是生出了许多“亲子沟通”方面的焦虑。

当我们想和孩子建立比较好的沟通关系，想要通过了解他的更多情况而理解他时，就需要用“恰当的提问方式”来获取自己想听的信息，从而增进和孩子之间的情感连接。

那么，到底什么样的提问方式是“合适的”呢？

我建议使用窄口提问方式，也就是多用窄口径的“小问题”进行提问，比如“事实性小问题”和“细节性小问题”。“小问题”对答案限定了方向，可以让被回答者在这个窄的方向上提供明确具体的信息。当孩子还没有形成全面的语言表达能力时，窄口径的“小问题”可以让孩子不花费太多精力去思考一个“很大的概念”“很宽泛的一个范围”，而是能够针对具体的“小问题”描述出部分信息。

（二）面对宽口径大问题时，孩子在想什么

之后，在一次关于“如何提问”为主题的直播课程中，

对于上面的现象我再次进行了调查，并设计了调查问题。问题的设计是基于前面那次研讨会而进行的提炼。我的目的是希望了解听课的人是用哪些提问方式与孩子沟通的，并且希望了解这种提问方式的效果怎么样、是否能够获取他们想要了解的信息，最后我还希望能够分析“当我们在日常生活中对孩子提出宽口径大问题时，孩子在想什么，他们的心理是什么”。

因为，当我们提出宽口径大问题时，孩子回答“更多有用信息”的阻力可能不仅仅是“语言表达能力尚未健全”这么简单。宽口径大问题有可能也会有其他方面的影响。我设计的调查问题如下。

第一个问题：你想知道孩子今天在学校发生了什么，那么当孩子放学回家后，你会怎么问孩子呢？

第二个问题：当你问了这个问题后，孩子一般都是怎么回答的呢？

第三个问题：你想知道孩子今天发生了什么事，同时也想知道孩子心理的状态和想法，你会怎么问孩子呢？

第四个问题：当你问了这个问题后，孩子一般是怎么回答的呢？

第五个问题：当孩子上完课，你想知道孩子学了什么，下课后你会怎么问孩子呢？

第六个问题：当你问这个问题后，孩子一般又是怎么回答的呢？

这六个问题一共模拟了学校、家庭、学习三种沟通场景，希望了解大家在最常发生的场景下，他们是如何提问的以及效果怎么样。

直播中调查的结果与我的预期一样，参与调查的人几乎都表示，曾发生过这三种场景中的对话。而且，参与者中90%以上给出的答案也十分相似，正如我之前在研讨会上遇到的情况一样。他们最常用的提问方式如出一辙，几乎都是“今天你在学校学了什么”“今天你在学校怎么样”“今天这节课你学了什么”这样的宽口径大问题。

在“当你问了这个问题后，孩子一般都是怎么回答的呢”这个问题上，参与者给出的答案也符合我的预期。当他们问这些问题后，孩子的回答和行为表现也十分类似。孩子可能会说“我忘了”“不知道”“我不想说”，或者直接扭头跑走，只有很少的孩子会描述。

接下来，我在直播中继续补充了调查问题：“当你听到孩子的这些回答时，你当时的心理是什么样的呢？”

参与者的回答可以归总为两种类型，比如，有人说，“当孩子说不知道时，我就会怀疑，他是不是上课没好好听讲，是不是又走神了，是不是注意力不集中，等等。”这是对孩子的迁怒，觉得孩子有问题。也有人说：“上完课，我问他学了什么，他说忘了，我就会想是不是老师讲得不好，是不是孩子没听懂。”这是对他人的迁怒，认为老师有问题。

通过梳理参与者对这个问题的回答，我了解到，对于提问者（父母）而言，当他们的提问并没有得到预期想听的答案时，的确会给他们造成困惑，比如，产生其他猜疑，比如，迁怒于孩子或他人，而这些困惑恰恰是“沟通焦虑”的来源，也是引发后续沟通不畅的原因之一。

如此看来，可以肯定的是，参与者对于孩子“过于敷衍”的回答是十分不满意的。当他们提问后，心里十分期待，但听到回答，又十分失落或者产生了因信息缺乏而带来的焦虑感。

在心理学中，有一种现象叫作“心理应激”，主要指，当人觉察到周围环境对自身有威胁、压迫或过重负担时而产生的心理反应。人在产生应激心理时，可能会出现不同的反应，比如愤怒、恐惧、内疚、习得性无助。

无论是成年人还是儿童，在日常生活中，都会因为某些因素的刺激而产生心理应激反应。当父母向孩子提出“今天你在学校学了什么”“今天你在学校怎么样”“今天这节课你学了什么”这样的宽口径大问题时，对孩子来说，或许就是一种“无形的压力”，会刺激孩子在那一刻形成心理应激反应。因为，当父母问这些问题时，多数情况下，是希望孩子尽可能多地复述他们做了什么事情。可是，对于孩子来说，语言表达能力和逻辑结构还不够完善，这样的提问方式可能会让他们产生畏难情绪。另外，当父母用这样的方式去提问时，可能会让孩子有“压迫感”，比如，孩子会想“我是不是哪些地方做得不够好”或者“如果我有做得不好的地方，我还是不要说出来。”

因此，在这样的情境里，不合适的提问方式就是心理应激源。那么，孩子会如何应对这样的心理应激反应呢?

第一种心理：规避“沟通困难”。当他们这样回答时，很可能是想避免引来麻烦。他们的心理可能是这样的：“我在学校待了一整天，回到家，如果你问我上课学了什么、在学校怎么样，我需要回忆很多东西，还要不停地讲出来，不断告诉你一些细节。我有点累了，想休息，或者这些话题我并不感兴趣。”

用最简单直接的回答规避潜在的困难或风险，是孩子能为自己寻求的最安全的方式，这也是一种逃避心理。当然，不光孩子会这样做，成年人也会在一些情况下选择用逃避的方式来防止沟通不畅带来的风险，所以就会有“拒绝沟通”“干脆不做什么”等行为的产生。

第二种心理：规避“受挫风险”。

孩子的天性是玩耍，是在玩耍中慢慢认知这个世界的。当父母向他们提问“你学了什么呢”的时候，问题本身就已经给孩子传递了压力。孩子的心理活动可能是这样的：“我学了什么呢？如果我给出的答案没有满足他们的期待，他们是不是会批评我，否定我？”

他们选择规避风险，规避什么风险呢？当然是规避被批评、被否定、被讽刺的风险，从而让自己处于一种“安全状态”。

综上，我将这些日常生活情境中常会用的宽口径提问方式，叫作“直接画句号”的提问方式。问题本身可能并没有问题，但是在某种特定场景下，这样的提问方式是不合时宜的，我们不但得不到想要的答案，无法打开沟通通道，甚至还会引起被提问者的不适心理。那么，如何解决这个问题呢？学会“正确提问”，才能获得更多你想要的答案！

（三）通过提问，建立良好的沟通场

当出现上面类似的沟通状况时，我们所用的提问方式其实并没有帮助我们彼此之间建立起“沟通场”。人与人沟通时，会处在一种沟通氛围中，如果沟通氛围是舒适的、合宜的，那么良好的沟通场就能建立起来，沟通会得以顺畅进行，最终获得好的效果。什么样的情况才算是建立起了良好的“沟通场”呢？

在良好的沟通场里，沟通是畅通的，有提问，也有反馈。有人在表达，也有人在回应。在这样的沟通场中，我们会表达得越来越多，表达欲也会越来越强烈。就像两个人聊天，如果聊得非常充分和畅快，良好的沟通场就建立起来了。

在良好的沟通场里面，提问一方提出的问题没有攻击性，让人回答起来不困难，对方自然愿意越说越多。在家庭中，成年人和孩子相处、沟通的道理也是一样，也需要在沟通中想办法稳固建立起沟通场。

因此，合适妥帖的提问方式在这个过程中就显得尤为重要了。我们需要思考并解决下面这些问题：

我该如何提问呢？

我该如何通过提问一步步建立沟通场呢？

我该如何通过提问让孩子愿意表达呢？

……

当然，我们利用“提问”在家中还可以和孩子一起做很多事情，比如，“我该如何通过提问让孩子创新思考呢？”“我该如何通过提问激发孩子的想象力呢？”

如果想要通过提问优化亲子沟通以及人际沟通中的一些问题，我们就需要灵活运用合适的提问方式。首先，在与人沟通的过程中，要避免在一开始就提出让双方“直接画句号”“聊天终结”的问题，比如，“你学了什么”“你今天做了什么”等。

尤其对于孩子来说，当我们向他们提出大问题时，就会出现一个等式：“大的问题 = 空的问题 = 没有答案的问题”，这样的问题无法帮助我们与孩子建立良好的沟通场。

接下来，我们来做一个模拟练习，学习如何通过提问建立沟通场，将原本难以回答的大问题变成可以带来更多沟通机会的小问题。

一堂科学课结束后，孩子手里拿了一个矿泉水瓶，里面装了一半水，他很兴奋地走到你面前，想和你分享课堂成果。这个时候，你可以这样跟孩子展开对话。

你：“这个水瓶里的水是喝的吗？”（从细节入手提问。）

孩子（可能的回答）：“不是喝的，老师说不能喝，科学课上的东西不能喝。”

你：“那这个水瓶怎么玩呢？”（从瓶子这个细节入手提问。因为你知道，这是科学课的成果，一定是有秘密的。）

孩子（可能的回答）：“你看，这个水瓶底儿有个洞，当我打开瓶盖的时候，水就会从瓶底的洞里钻出来，如果关上，水就流不出来了。（孩子可能会这样表达，也可能会演示这个过程。你的提问，会让他明白该回答什么。）

你：“哇，好神奇，太奇怪了。为什么瓶子底下有个洞，但拧上盖子之后水就流不出来呢？”（探究原因的提问，也属于细节事实性问题。利用这个细节性提问，让孩子继续描述。）

孩子（可能的回答）：“打开盖子，外面的空气会把水压下来。拧上盖子，下面的空气会有压力，就不让它跑出来。”（当然，这是理想情况下孩子的回答。孩子对于上面的问题很可能描述不明白，但这恰恰可能是课堂上最核心的环节。那接下来我们可以通过进一步的提问，了解更多的关于课堂的信息。）

你：“太神奇了，我也想让老师讲给我听，到底这个魔术是怎么变的呢？我们一起问问老师吧？”

孩子可能会非常开心，你们一起找老师聊天，既能了解课堂上的关键细节，你想了解的情况也会十分清楚了。

到这里，你已经把“你今天学了什么呢”这个孩子无法回答的问题，变成了你与孩子之间展开的系列对话。你将宽泛的问题，转变成了许多可以与孩子互动的小问题。从细节开始提问，每一个细节性提问都有具体的、明确的方向，有利于孩子顺畅回答。你们之间的沟通变多了，你从孩子那里也了解了很多细节信息，对孩子的情况掌握得更多了。

这些问题没有攻击性，也不会让孩子产生畏难心理。因此，通过提问方式的转变，你们之间建立了非常好的沟通场。问题问得合适，孩子就会尝试回答，而且你表现出和他一起探索的状态，也能激发孩子的兴趣，让他愿意和你一起讨论。

四、分解式提问策略

宽泛的“大问题”有时会给被提问者带来困惑，我们可以利用“大而化小”的策略，将“大问题”分解为“小问题”，把“大概念”拆解成许多小概念，然后再提问。这样提问的效果要好得多，比如，可以得到很多关键性的信息。我们通过从分解后的小问题获得的答案去还原“大问题”，也会达到事半功倍的成效。分解是拆解的一部分。

在一次研讨会上，我与大家分享了如何运用“大而化小”的分解式提问策略。接下来，我将描述这个过程。

我们需要明确，我们向他人（比如孩子）提问的目的是什么，并确定我们想要提出的"大问题"是什么。比如，我们希望了解，在看不到他们的一天，他们到底做了什么。我们如果用一个非常宽泛的问题去提问："你今天过得怎么样？"（这是我们的目的，也是我们希望了解的大问题。）孩子们的回答并不会满足我们的希望。

我们需要将宽泛大问题中的概念分解掉，分解成一个一个小的概念，这些小的概念组合起来又可以还原出宽泛的大概念。比如，"过得怎么样"就是一个宽泛的大概念，"过得怎么样"包含了很多小概念，比如"吃得怎么样""与同学和朋友互动关系怎么样""课堂上学得怎么样""发生了哪些有趣的事情或悲伤的事情"等。

针对分解完的小概念，依次进行提问。比如，"今天中午在学校吃了什么？合胃口吗？""今天在学校有什么有趣的事情可以分享吗？""今天最不开心的一件事是什么呢？""数学课上最让你印象的事是什么呢？"等。其实，就是把"过得怎么样"拆解成学校日常生活的几个方面，然后针对这几个小的方面去提问。当我们针对小概念进行逐个提问时，提出的问题也是聚焦的。虽然问题范围小，但对于被提问者来说十分明确。他回答的每一个信息，最后汇聚起来就可以帮助我们还原"你今天过得怎么样"这个大问题的答案。我们可以通过多个角度的"小问题"了解到他的一天究竟发生了什么。我们的目的也能较大程度地达成。

研讨会结束一周后，一位妈妈告诉我，这个方法不仅缓解了自己之前与孩子沟通不畅带来的焦虑感，而且让她更加清楚地知道了自己想要从孩子那里得到哪些想了解的信息。现在，她对孩子的行为和心理了解得更多了，也开始尝试学习如何通过合适的提问与孩子建立更好的沟通和亲密关系。她发来的信息让我倍感振奋。下面是她的来信。

之前我总以为是孩子的问题，我觉得他不想跟我聊天，也不想跟我分享他在想什么，他做了什么，或者他有什么困难需要我的帮助。很长时间以来，面对糟糕的沟通状态，我确实不知道怎么办，只能眼睁睁地等待着冲突的到来和情绪的崩溃，随后急匆匆地收场。昨天早上，我想带他出去散心，也想增加我们之间的感情，我随口问他：“我们一起出去玩好吗？”他很快反问我：“玩什么呢？”语气并不像我期待得那样兴奋。

我很快想到，在研讨会上学习的分解式提问方法。于是，我像一个刚打开新产品说明书的人，一点点笨拙地尝试。“一起出去玩”可能就是一个大的概念、大的问题，这个问题对于他有吸引力，但是可能不够大。我是否可以把“出去玩什么”分解成很多个方面呢？我家菜园需要松土了，他喜欢玩土，现在正是适合种花种子的时间，我们可以一起翻土播种；和他一起到附近商店买冰激凌，这是他期待已久的；和他一起玩几把联机游戏。我按照分解式提问的“说明书”把“今天玩什么”分解成了几个小的“玩”的方面，然后向他提出了一连串的“小问题”：

“我新买了小铲子，你想和我一起去菜园里松土吗？我可能需要你的帮助。”“今天天气特别好，我之前收藏的花种子正好可以播种了，我们一起把种子种在地里好吗？你觉得我们把花种在哪里好呢？”“天气暖和了，你想不想吃冰激凌？把土松完，把花也种完之后，我们一起去商店买冰激凌吃怎么样？”“做完这些事情，我可能会觉得很辛苦，想不想和我一起玩几把游戏？”

听到这些问题，我能感受到他特别开心和兴奋。他主动找到纸袋子，和我一起将需要的工具和材料都装到袋子里。他一边收拾，一边滔滔不绝地和我聊起他的想法，比如，可以在菜园的西北角种上花，还问我可不可以让他松完土之后玩泥巴，他想用泥巴搭建一座城堡。他还问我这个天气真的可以吃冰激凌吗？我肯定地点点头……他跳了起来，对我说：“妈妈你对我真好。”

我的眼泪瞬间掉下来，仅仅是如此简单的事情，就能让他觉得很满足。与此同时，我的内疚感也涌了出来，我在日常生活中陪伴他太少了。我总以为努力工作、严厉要求、让他吃饱穿暖就是爱他，但却不知道他真正的需求。我们总是自以为是认为自己做了很多。能够有这些反思，我的内心也变得越来越轻快，之前的担忧都不见了，这时才顿觉自己是个好母亲。仅仅是换了提问的方式，就让我打开了与孩子沟通的大门，希望我能在今后更加娴熟地运用它。

一个好的提问、合适的提问，会为我们打开一片新的境地，让我们找到核心问题到底出在哪里。好的提问方式可以帮助我们在拆解式提问六连环模型的使用过程中更加顺畅地发现问题。不同场景下运用合适的提问方式也会让拆解式提问流程自如地推进。

“大而化小”分解式提问策略其实与我前面提到的“剥洋葱”过程有异曲同工之处。它的奇妙之处在于，不仅可以应用在日常生活沟通交流中，以帮助我们建立良好的亲子沟通、家庭关系、工作关系，还可以应用于项目研究、科学研究、发明创新等过程中，帮助我们很快地发现核心问题所在并逐步找到解决方案。

2015 年，社交产品的发展势头迅猛，许多创业者希望能切入这个市场，开发新的社交软件。一家致力于开发社交产品的初创公司负责人找到我，咨询“开发一款陌生人电影社交产品的可行性”。从大的层面来讲，我们探讨的其实是一个非常宽泛的大问题：开发一款陌生人电影社交产品是否可行？

其实这个大问题是很难直接得到答案的。当我们一开始仅仅想到一个比较模糊的大问题时，我们需要把这个模糊的大问题再转化一下，让它看起来是一个清晰的大问题。比如，“开发一款陌生人电影社交产品是否可行”，其实可以转换成“开发一款陌生人电影社交产品有市场吗？”。

现在，这个问题看起来清晰明确了不少，问题的侧重点放在了“有市场吗”。但不能否认的是，它仍然是一个很宽泛的大问题，无法在短时间内迅速地给出准确的判断和答案。

“有市场吗”这个大问题一定可以分解为几个小问题。我们通过探寻这几个小问题，对这些小问题不断地进行分析、调查研究、剖解和论证，就能回答“这个产品有市场吗”这个大问题。

那么,“有市场”这个大概念，到底该分解为哪几个小的方面呢？接下来，我开始与他一起讨论和分析“这款产品如果想要有市场”，应该去分析和评估哪些方面。

“有市场”意味着，需要有人（目标用户），竞争产品要满足这些人的需求。

接下来，我们针对目标用户、用户需求、竞争产品、产品空间、运作模式等方面提出一系列小问题：

你的产品的目标用户是谁？

目标用户需要这款产品吗？为什么需要？为什么不需要？需求的程度有多大？你认为目标用户对社交产品的真实需求是什么？

你认为目标用户对陌生人社交产品的真实需求是什么？

你的产品能为他们提供哪些独一无二的体验？他们又为什么需要你的产品而不是别人的？

目前市场上已有的竞争产品，它们的主要功能是什么？能满足目标用户的需求吗？你和他们相比，是否有竞争力？有的话，在哪里？你想实现的功能，有哪些是他们已经实现了的？

目标用户看电影时是否需要寻找陌生人陪伴？需求的程度有多大？他们的心理是什么？你认为做陌生人社交产品需要解决的最大困难是什么？

你的产品希望用户参与其中的闭环模式是什么？

你的产品后续保持用户活跃度的模式和机制是什么？

……

针对上面的每一个问题，你现在掌握信息的有哪些？还未掌握信息的有哪些？有哪些主要的问题需要继续调查研究后才能获得准确的数据或答案？

针对“有市场吗”这个大问题，我分解出大约三十几个小问题。这些小问题都是“与市场”有关的方方面面。而且每一个小问题都是十分明确的，需要花费时间和精力去进行数据研究和不断论证。

其实，探索和解答这些小问题的过程，就是在解答“有市场吗”这个大问题的过程。只不过，明确清晰的小概念、小问题，可以让我们更加了解“我该这么做”“我该如何分析、判断和评估问题”。另外，将大问题、大概念分解成小问题、小概念的方法还有一大好处，那就是，在分解过程中，我们会发现，一些需要解决的核心问题慢慢就浮出水面了。比如，对这位创业者而言，“目标用户是否对该产品有真实的需求”就是核心问题，因为“需求”一定程度上就是“市场”。至于目标用户是否真的有需求，这个需求有多大，就是接下来他需要持续并深入进行市场研究的事情了。

上述过程既是“大而化小”分解式提问策略的使用过程，也是拆解式提问六连环模型的思路和缩影。上述系列问题可以分别被划入观察、描述、分拆提炼、提问题、解问题、评估各个环节。

五、分解式提问策略实践练习

“大而化小”分解式提问策略有一定的步骤，我们遵循这个步骤，就可以把原来非常不清晰、难以直接回答的大问题，分解成一个个具体、明确的小问题。我们从小问题入手寻找，就可以逐层挖掘到“我们希望解决的核心问题是什么”，以及“我们该如何下手解决”。

我将“大而化小”分解式提问策略分为五个步骤。我们在日常工作生活中遇到困难时可以对照着进行训练：

第一步，明确你的目的或目标（往往是你希望解决的问题）。可以把你想要通过提问达成的目的或目标写下来。

第二步，根据你希望达到的目的（目标），提出需要解决的重要问题。通常情况下，我们一开始针对自己的目的或目标，提出的都是“大问题”，是很宽泛的。

第三步，将上一步的“大问题”再做一些提炼，把这个“大问题”转化成“需求明确”一点的问题。有可能这个问题仍然是“大问题”，但能在某种程度上让你知道该如何着手。（此步骤不是必需的，在有需要的情况下使用。）

第四步，把“大问题”中的关键词或主要概念分解掉，变成更小、更具体的概念或方面，写下来。

第五步，针对小概念、小的方面，逐一提出“小问题”，并逐个寻求答案。如有必要，继续对重点信息进行分解，并针对分解后的小概念继续提出更小的问题并寻求答案。以此类推。

我以自己在媒体的采访经历为例来示范一下“大而化小”分解式提问策略的步骤。

第一步，我的目的（目标）是了解国内某短视频平台未来的发展趋势。通过了解这个信息，写出有深度的报道内容。

第二步，根据目标，我提出一个重点问题：某短视频平台未来的发展趋势是什么样呢？很显然，这个问题是非常宽泛的“大问题”。于是，我需要实施第三步，将这个模糊的“大问题”转化成一个相对清晰明确的“大问题”，让我知道该从什么方向去回答这个问题。

第三步，我将上面的大问题转化成了“某短视频平台现在的发展情况是什么样的”。这个问题要更清晰明确一些，至少会告诉我，我应该从了解某短视频平台的现状入手。

第四步，将大问题中的关键词或主要概念分解成小的概念或小的方面。在这个问题中，“现状”就是一个主要概念，我将“现状”主要分解为三个小概念：用户现状、盈利情况、商业模式情况。

第五步，分别针对小概念进行提问：某短视频平台目前的用户情况如何？某短视频平台目前的盈利状况如何？某短视频平台目前的商业模式如何？

按照上述方法和步骤针对各个小问题再进行分解，最终就可以分解成许多个小方面的“小问题”。沿着这些小问题，逐个击破，就能得到非常丰富的参考信息，就可以帮助我回答“某短视频平台现在的发展情况是什么样的”，从而让我从现状信息的分析中判断“该平台未来的发展趋势怎么样”。最终，我的目标就可以实现：能够写出较为深度的报道内容。

通过上述案例我们可以看到，“大而化小”分解式提问策略的完整推进过程，如果我一开始只是提出“某短视频平台未来发展趋势如何？”这样的“大问题”，是无法空想出许多有价值的信息的。即便我用这样的问题去采访相关负责人，也不会得到全面、详细的信息，重要信息会被遗漏。因为面对这样的问题，采访对象不会给出太多我期望得到的信息。

掌握了“大而化小”分解式提问策略，就仿佛打开了一扇门，你会发现生活中、工作中许多问题都可以被发现，也可以通过分解的办法去找到解决方案。

人生困顿时也可以尝试运用这个提问策略，帮助自己捋顺接下来的路一步一步该做什么、怎么做。

在一次课程结束后，一位学生找到我，说出了她的痛苦。从大学二年级开始，她变得迷茫起来。她觉得很焦虑，说那种既想向前迈进但又不知道该如何迈进的自我矛盾状态总会频繁出现。

遇到这种情况时，我往往会使用拆解式提问流程或分解式提问策略帮助他们发现并找到“现在我该做什么？”这个核心问题，接下来再通过分解，帮助他们明白“我该怎么做？”，这样的过程十分有益。

接下来，我用一个完整对话（已简化处理）来呈现分解式提问策略和方法是如何帮助学生分析并解决困惑的。

她：“我不知道未来能做什么。我的性格比较内向，好像除了考研，我无路可走。”（在此之前，她已向我表达了自己对第二次考研的迷茫，她很担心如果自己再失利，会面临什么境况。）

我：“听起来考研是你为自己设定的唯一出路，当这条路充满太多不确定时，你会很焦虑，就像被逼到了一条死胡同。那你希望自己未来的生活是什么样的状态？”（首先，我确定了提问的目标 / 目的，并提出一个大问题，希望通过这个问题帮助她找到生活目标。）

她：“我也不知道我希望的未来是什么样子的，我好像没有想过这个问题。”

我：“你希望三年后自己是什么状态？”（我将上面的提问进行了初步分解，将“大问题”转化成一个更明确清晰一点的问题。这个问题的目的主要聚焦在她对三年后的期许目标上。面对这个问题，她更容易想象和回答。毕竟再大的人生期许，都是需要一步一步地走。）

她：“我希望自己已经被理想的学校录取为研究生，在那里学习，做一些自己喜欢的事情。”（通过提问，我发现真正的问题是：考研对她来说是一个非常重要的目标，她对此抱有执念。我需要让她看到这个核心问题，并正视它。）

我：“那你希望三年后的自己从事什么样的工作？”（我将上面的问题继续分解，希望她能更具体地回答。）

她：“如果考研顺利，三年后会毕业，我可能会做老师。我的性格偏内向，与人交流不是很顺畅，虽然我喜欢媒体行业，但不知道自己是不是可以从事这个行业。（我发现，树立她的信心是当前最重要的事。给她树立信心的前提是：让她建立一个明确的、可以实现的目标。）

我：“看来考研对你来说很重要。你的目标院校是哪里呢？之前的目标是否有降低的可能呢？”

她：“……可以降低目标，之前的目标好像太高了，失败的概率比较大。”（通过前面两个问题，我希望她能意识到自己需要重新设定可行的目标。）

我：“是的，如果目标太高就会很难完成。为考上研究生你需要做哪些事情呢？比如，第一步做什么？第二步做什么”……（我继续对问题进行分解。现在，她已经逐渐认识到自己真正的需求是什么了。）

她：“看起来目前要做的是，重新定位目标院校，选择一所对我来说最有可能通过努力实现的。”（接下来我与她讨论分析了哪些院校更有可能，并最终确定了其中一所。）

我：“第一步工作我们已经完成。那接下来第二步该做什么呢？目前距离入学考试还有六个月的时间，你打算怎样规划这短短半年时间？需要做什么具体的事？”（继续分解问题。）

她：“把专业书再好好复习两遍，英语再复习一两遍……”

我：“如何确保你能顺利完成这些想法？我的意思是，你是否需要有具体的执行计划？”（继续分解问题，让她找到具体的解决方法，建立明确的短期目标。）

她：“确实需要，我有时候有拖延症。如果没有具体的计划，我的复习目标可能完不成。老师，我该怎么列出一个比较符合实际的计划表？您有什么建议？我之前做得不太好。”（她意识到了自己的真正需求，并且有意愿去做出改变和尝试。我与她分享了我的经验，并且讨论了她在每一天的每个时间段该做哪些事情，并且建议她严格执行。她此时长舒了一口气，脸上也开始展露出了笑容。她表示现在自己好像又有了很大的力量。）接下来，我继续提出问题，以帮助她解决核心问题。

我：“你说因为自己性格内向，将来有可能去做一名教师，但实际你喜欢媒体行业，希望从事媒体工作。我认为这两个职业你都有可能从事。在我看来，你的主观意识会决定你的判断。想象一下，三年后你顺利完成了研究生学业，因为有了更深入的理论研究基础和分析能力，你会定期在媒体上发表针对某个行业的专业文章，逐渐地，你开始成为国内多家媒体的专栏作者或某家媒体的记者，受到了更多的关注……许多机会会出现，你已经有了更多可能性和主动权。（我通过将“媒体工作”这个预期目标的相关内容进行分解，让她想象预期目标未来的场景，激发她产生对未来大目标的憧憬和动力。）那么你觉得，如果从事媒体相关工作，需要哪些能力呢？”（此处提出该问题的目的，是希望她思考如果希望达到这个预期目标，应该做哪些努力。）

她：“可能需要积累和了解很多的知识，需要写作能力，可能还需要逻辑思考能力……”

我：“这些能力，你现在具备吗？”（继续分解问题。）

她：“都不是特别好，平时动手写东西太少了，而且我们现在写东西也写不深刻。”

我：“那如何从现在起，一点一点地获取这些能力呢？或者说，你需要具体做哪些事情才能获取这些能力？”（继续分解问题。）

她（沉默一会儿）：“可能需要多写，多看书，多练习，多关注一下媒体行业的发展……”

我：“你说了几项关键的做法，但是具体该怎么做呢？比如，多写，多练习，具体该怎么做呢？多关注媒体行业发展，具体该怎么做呢？”（我将上面的提问继续进行分解，分解成具体的小问题，让她思考该如何落地执行。）

她：……（思考了一会儿，但未给出明确的想法，她很不好意思地笑了笑。）

我：“刚才我们憧憬的未来工作场景，需要很多的综合知识和能力，并且需要日积月累，无法急于求成。从现在开始，你为考研做出的任何努力，都是在积累这些知识和能力。如果你能成功考取研究生，在硕士生涯中会继续积累知识……从现在开始，我们该具体做哪些事情来了解媒体行业发展趋势呢？具体做哪些事情来练习自己的写作分析能力呢？”（再次将上面分解后的小问题进行明确，并且再分解。）

她：“每天看看相关的新闻，关注行业的动态发展，关注领域内的热点。没事儿了写一写，根据自己学习的知识尝试去解读一些行业热点或现象……”

我：“去哪里关注新闻、了解行业动态或领域内热点问题？如何利用关注的热点练习写作？”（继续分解问题，并且为她推荐了约十个相关领域内的媒体平台，以及给出了如何练习写作的具体建议。）

我：“如果打算做这些事情，怎样列出一份长期的且能落实到每天的具体计划呢？”（继续分解问题。）

她：“我想，现在我可以试着自己列出这份长长的计划表。我明白接下来自己要做什么了。现在突然觉得未来好清晰，接下来需要的是我一步一步地走。”

通过以上两个案例，我们更加明确，分解式提问法，不仅可以应用在家庭教育中，发现和解决家庭教育中存在的问题，也可以应用在日常工作和生活中，发现和解决困扰我们的问题，帮助我们打开思维。正如本书开篇所说，提问是发现和解决问题的有力工具，是打开创新大门的钥匙！

六、“观察－思考－提问”三阶段训练模式

我曾带领研究团队进行过一项追踪研究。我们征集了几十组家庭，希望这些家庭中 4 ～ 6 岁的孩子能够参与到“有关提问训练”的项目中来。我们的研究目标是，经过 6 ～ 12 个月时间，这些孩子针对观察到的事物进行提问的能力得到稳步提升。

研究人员会设计一系列主题的科学活动，并在活动中设计“提问训练”。与此同时，研究人员会设计“观测记录

表”，记录每一个孩子在每一个主题活动中的提问状态、提问数量、提出的问题与主题活动的相关性等关键性指标，通过 6 ~ 12 个月的数据情况，整体判断孩子“提问”能力的变化趋势。

在项目研究过程中，我们发现，许多孩子在一开始时并不明白“提问”到底是什么。研究人员在项目活动中问孩子：“刚才我们了解了……的小知识，你们有什么问题要向我提问吗？”许多孩子并不知道该如何提出一个问题。

因此，让孩子先学习“怎么提问”，就显得十分有必要。研究人员会进行提问示范，比如，“你们可以问我，为什么小鸟会把窝建在树上呢？为什么刮大风的时候鸟窝不会被刮下来呢？”

当孩子掌握了基本的提问形式之后，研究人员会进行下一步的训练：让孩子基于观察到的现象或事实，提出基本的“为什么”问题。

比如，让孩子观察一本放在桌子上的书，并让孩子尽可能多地提出“为什么”的问题。结果发现，孩子们的观察力和好奇心不断被激发出来，他们提出的问题也令人意想不到：为什么书平躺在桌子上？为什么书的封皮上有灰尘？为什么书一直在这里不动？为什么书会放在桌子中间？为什么书的旁边有一支笔？……

每一个“为什么”的问题背后，都连接着一段美妙的想象力之旅。

当孩子能够通过观察提出各种“为什么”问题后，研究人员开始针对项目活动的内容进行提问训练：让孩子针对参与的项目活动内容提出有针对性的“为什么”问题。

在一次与水有关的科学活动中，研究人员设计了多个环节让孩子参与观察和体验水的形态、水流动时的情况等。接下来，研究人员向孩子们提问：“在你玩水的过程中，你观察到了什么？”参与其中的孩子们纷纷表达了自己看到了什么，比如，“手抓不住水”“水会从这个地方流到那个地方”“有一个玩具掉进了水里，沉了下去”。紧接着，研究人员开始引导孩子们提问：“刚才每个人都观察到了水的小细节，那针对你刚才看到的，有没有什么问题要问我呢？”

刚刚还表达活跃的孩子们开始变得默不作声（根据研究人员观察，此时的沉默可能代表孩子们在思考）。面对孩子们的沉默（思考），研究人员给出了引导性的提问方式示范：“比如，刚才有人观察到了水是透明的，那就可以问我‘为什么水是透明的呢？’”

受到研究人员的启发，孩子们又重新开始变得主动和活跃起来。第一个孩子问道：“为什么我们的手指抓不住水呢？”第二个孩子问道：“为什么水会从这个地方流到那个地方，但是它没有一直流下去？”第三个孩子问道：“为什么玩具掉进了水里，会沉下去？”孩子们陆续提出了不同的问题。

看来，引导他们提问的策略起到了很好的效果，十几个孩子围绕着刚才观察到的水提出了各种奇妙的问题。有个小女孩向研究人员提问道："为什么水会长成这个样子？"对于这个问题，恐怕我们成年人也从未思考和留意过吧。

当然，在训练孩子们提出问题之后，研究人员并没有就此停下。因为"提出问题"并非终极目的。

研究人员根据孩子们提出的各种各样的问题，与他们一起探讨。在这个过程中，进一步引导和激发他们提出更多的问题。比如，当孩子问出"为什么我们的手指抓不住水"时，研究人员会反问"你觉得是为什么呢？"。这个孩子思考片刻回答说："是因为我的手太小了吗？"

于是，研究人员亲身试验，用自己的大手去抓水，让孩子观察即便是大手也抓不住水。研究人员再次问孩子："看来不是因为你的手太小，而是我们的手都抓不住水。会不会是其他原因呢？"孩子继续提问道："是不是因为水就是这么调皮呢？它不想让我们抓住？"这样可爱的问题，或许只有在孩子的世界才能提出来吧。

除了让孩子们提出"为什么"的问题并且带领他们一起去分析这些问题的原因，研究人员还鼓励和引导孩子提出或思考"怎样……"的问题。

"为什么……"是探究原因的问题，而"怎样……"的问题，其实是"怎么办"的问题，是推动问题解决的提问方式。

当研究人员与孩子通过“相互提问”的方式探讨和分析“为什么手指抓不住水”之后，研究人员最后会向孩子提出“怎样……”的问题：“怎样才能让我们的手抓住水呢？”这其实就是一个“解决怎么用手抓住水”的问题。“怎样……”的问题，会让孩子继续进入思考状态，并且这个问题会给孩子明确的思考方向和信号。

孩子思考片刻，小心翼翼地说：“可以戴上手套吗？”研究人员给予肯定的回复：“这个想法非常好，当然可以尝试。还有别的办法吗？不论什么方法和答案都没有对或错之分。”孩子受到鼓励后，接着提出“我觉得可以把塑料袋套在手上，然后抓水，就会抓住一些。”研究人员仍然给出赞赏的回复，并询问孩子还有没有其他方法。在这样不断提问的激发下，孩子想出了各种办法去解决这个问题，比如，在手指上套上海绵去抓水，把水冻成冰就可以抓住它，把水装在袋子里再用手指抓就可以抓住它……令人感到振奋的是，孩子们解决问题的方法千奇百怪，各种想法像雨后春笋一样冒出来。

这样的结果也说明，“提问”可以通过某种科学的、合适的方式进行训练和培养，尤其对于孩子来说，提问能力的保持和训练更加重要。

在此次项目研究中，我们在每一项活动中均设计了“观察－思考－提问”三个阶段来训练孩子的提问能力。首先，通过设计大量的观察环节，让孩子沉浸其中探究某一个主题事物。其次，让孩子尽可能多地描述自己观察到了什么。再次，研究人员便使用“提问”的方式激发孩子针对观察到的事物提出“为什么”的问题。然后，研究人员再用提问的方式引导孩子大胆思考和分析这些“为什么”背后的多种可能的原因。最后，研究人员向孩子提出“怎样……”的问题，试图推动孩子思考解决方案，并且在示范作用下激励孩子自己也能提出“怎样……”的问题。

通过这三个阶段的设计和训练，让孩子学会“提问”，并慢慢了解该如何提问，并且在这个过程中通过“提问”的贯穿，让他们通过观察“发现和提出问题”，通过提问让他们“分析和思考问题”，再通过提问让他们尝试“解决问题”。

整个过程也恰恰与本书一开始就提出的“问题解决思维逻辑”的各阶段相对应。“观察 – 思考 – 提问”的研究设计，采用训练孩子“提问”的方式方法，让孩子完成“发现问题、提出问题、分析问题、解决问题”的一系列思维过程，帮助他们完成自己的“问题解决思维逻辑历程”，从而逐步建立起创新性思维方式。

经过 6 ~ 12 个月的研究测试和数据记录结果，研究人员发现，参与此次项目的孩子在“提问”能力方面整体上获得了较大的提升。在项目初期阶段，孩子的提问能力均值整体处于较低水平，但随着项目主题活动的不断进行，提问能力均值会在项目进展 1/3 时开始平稳上升，并在项目进展 1/2 后保持上

扬且相对稳定的状态（见图 4–4）。

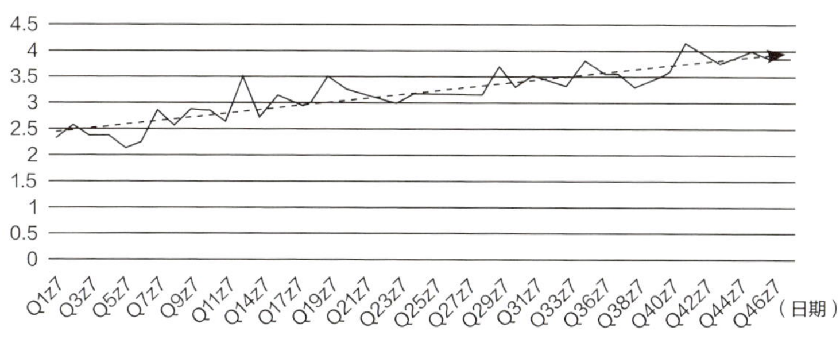

图 4–4　提问能力均值变化趋势

思考源于观察，而提问则是思考的直接反应，并且提问是促进思考的直接推手。孩子提出的问题，往往也是经过观察和思考后做出的。孩子会提出“为什么会这样”“为什么会那样”的直接问题，也会提出“怎样才能”这样有助问题解决的问题。因此，项目通过“观察 – 思考 – 提问”三个阶段的设计，建立了“提问训练”的连环模式。

在项目研究中，我们还进一步证实，提问对思考的促进作用。研究人员将孩子参与每一次活动的数据进行逐一记录，并对这些数据进行指标分类，比如有些指标代表了孩子的思考情况。对数据进行分析后发现，孩子在提问方面不但获得了较大提升，而且整体的思考能力均值变化也十分显著。在项目初始阶段，孩子整体的思考能力均值处于一般水平，随着项目研究的进行，思考能力均值稳步提升，并且在项目中期阶段开始，思考能力均值提升明显（见图 4–5）。

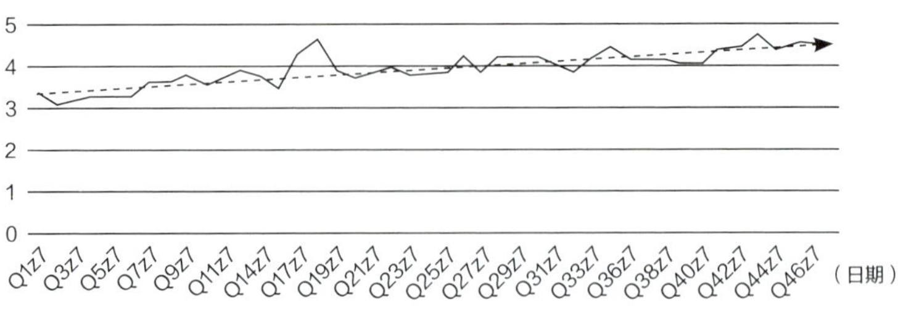

图 4-5　思考能力均值变化趋势

研究人员进一步分析了提问和思考之间的关系，相关分析结果显示，提问能力均值变化与思考能力均值变化之间存在正相关关系。这说明，提问能力的变化会影响思考能力的变化，反之亦然。

提问能力的训练方法，不仅适用于孩子，也适用于成年人。我们同样可以运用“观察 – 思考 – 提问”三阶段模式训练自己的提问能力，在提问中促进自己观察和发现自己或他人遇到的困境和问题，在提问中促进自己思考和分析这种困境和问题的根源，在提问中推动自己去解决这种根源问题。

接下来，我将“观察 – 思考 – 提问”三阶段训练模式的步骤做一个总结，在日常生活和工作中，我们可以按照这样的步骤训练和提升自己的提问能力。

第一步，明确一个需要观察的对象（某种事物或某个现象），并让提问者针对观察到的情况进行详细描述。

第二步，让提问者针对观察到的情况进行提问，尽可能多地提出“为什么”的问题。

第三步，针对“为什么”的问题，让提问者进行思考和分析。在此过程中，可以反复使用提问，推动提问者对该问题产生更多的思考和探索。

第四步，向提问者提出“怎样……”的问题。“怎样”的问题可以促进提问者思考和尝试各种“解决方案”。同时这也是一种提问示范，让他们学习该如何提出此类问题。

第五步，让提问者自己提出“怎样……”的问题，训练他们掌握提问方式的同时也能明白，“怎样……”的问题形式可以指引他们解决问题。

在实践过程中我发现，“观察－思考－提问”三阶段模式是训练提问能力的有效方法之一，而这个训练过程所产生的效果，便是提问能力提升的同时创新思维方式也会逐步形成。

你可以列出你当前遇到的困惑，并用上述方法逐步训练自己。你会发现，你不但学会了如何提问，也会在提问中给自己找到答案和出路。

第五章

找到冰山下的核心问题

我们在前文中介绍了拆解式提问六连环模型的观察、描述、分拆和提问题四个环节。本章我们将讨论拆解式提问的第五个环节：解问题。

所谓“解问题”，简单来说就是针对前面的提问而进行有针对性的“思考和表达”活动，从而达到“解决问题”的目的。

正如提问贯穿于各个环节一样，“思考和表达”也是动态的，“思考和表达”是一直跟随在提问之后的。只要我们在前面环节针对某些关键信息或某些细节提出了问题，那么我们接下来就需要刻意推动自己或他人针对该问题进行思考和分析，并且将思考的结果表达出来，以便我们从自己或他人的表达中获取新的关键信息，从而再进行有针对性地提问，接着再进行思考、分析和表达。在我们前文讲述的许多应用拆解式提问模型的案例中，都体现着“解问题”的过程。任何一个环节都无法完全割裂开来，每个环节都需要通过“提问”来助力。

一、刻意练习：思考、分析和表达

当我们提出问题时，提问本身就会刺激大脑开始思考，思考和分析原因是什么、思考答案是什么。提问对于思考的推动作用毋庸置疑，并且我在前文中已经有过详细说明。

在以下内容中，我想强调在提问题环节之后，我们如何刻意地针对这个问题或几个问题逐一进行思考分析，并且刻意地表达出这些信息。

我们在使用拆解式提问模型的过程中，不仅要注重对问题的不断拆解、分解和提出，也要重视提出问题后对问题进行思考和分析的“解问题”过程。因为，“解问题”是我们获取进一步有价值信息的关键，也是我们从中不断挖掘和发现核心本质问题的关键。

我们只有不停地挖掘并不断检查挖到的东西是否是我们想要的，才能一步步从挖到的东西中找到我们真正想找的。

“拆－解”过程只有顺畅地进行，才能推动拆解式提问六连环模型的顺利推进，需要解决的核心问题才能最终浮出水面。

那么，在拆解式提问模型中，解问题的过程具体该如何体现呢？

在每一次分拆出关键点并提出问题后，针对提出的这个问题，进行思考、分析并表达出思考的结果。每一步和每一层的提问，都伴随着思考、分析并表达结果的“解问题”过程。直到最后，找到核心问题。我们找到核心问题后，需要进行最后的“解问题”过程。这样的话，解决问题的方向就非常明确了。

接下来，我将提问题和解问题的步骤结合起来，总结出可以刻意练习的步骤，以帮助我们在提问中刻意训练思考分析和表达。

第一步，针对关键信息提出问题，并将提出的问题写下来。

第二步，针对提出的一个或多个问题，逐一进行思考分析，并将思考、分析的结果表达出来（写下来关键信息）。如思考、分析过程受阻，可对提出的问题进行分解和明确化，之后继续进行思考、分析和表达。

第三步，针对前一步思考和分析的结果，分拆关键信息并提出新问题，并将新的提问写下来。

第四步，再次针对新提出的问题，进行思考和分析，并将思考分析的结果写下来。同样的，如思考、分析过程受阻，可对提出的问题进行分解和明确化，之后继续进行思考、分析和表达。

第五步，根据需要，决定是否继续重复上述过程。

这样的过程不但可以训练我们的提问能力，也可以训练我们的思考和分析能力。上述练习步骤也完全可以融入“大而化小”分解式提问策略的应用中。而且，前面所讲到的任何方式的提问训练，也自然而然地训练了我们思考、分析的能力，只不过我们刻意练习时，效果会更好。

提问和解问题像孪生兄弟，无法分开。当我们进行提问时，一定会促进大脑进入思考状态。在第四章我提出了重点训练提问能力的“观察－思考－提问”三阶段训练模式，这个模式还有一个重要环节，那就是在训练“提问”后，紧跟着是推动我们对提问进行思考和分析。当提出“为什么”问题后，接下来就会让被提问者思考和分析背后的原因。当提出“怎样……”的问题后，接下来就是鼓励被提问者思考和分析各种解决办法。接下来，我将三阶段训练模式的过程再次进行标记，以便我们更直观地看到“提问”和“思考、分析”的相互作用。

“观察－思考－提问”三阶段训练模式的步骤。

第一步，明确一个需要观察的对象（某种事物或某个现象），并让提问者针对观察到的情况进行详细描述。

第二步，让提问者针对观察到的情况进行提问，尽可能多地提出“为什么”的问题（提问阶段）。

第三步，针对“为什么”的问题，让提问者进行思考和分析（促进思考和分析阶段）。在此过程中，可以反复使用提问（提问阶段），推动提问者对该问题产生更多的思考和探索（促进思考和分析阶段）。

第四步，向提问者提出“怎样……”的问题（提问阶段），“怎样”的问题促进提问者思考和尝试各种“解决方案”（促进思考和分析阶段）。同时这也是一种提问示范，让他们学习该如何提出此类问题。

第五步，让提问者自己提出“怎样……”的问题（提问阶段），训练他们掌握提问方式。“怎样……”的问题形式可以指引他们主动解决问题（促进思考和分析阶段）。

每次解问题的过程（思考分析和表达），都有“提问”在引领。每提出一个问题，都会激发一系列思考和分析过程。不同的提问方式和问题类型，也会促进我们向不同的方向和目标去思考。提问与思考之间相辅相成，提问促进思考，思考的结果又为下一次提问提供了切入点，新的提问又促进了新的思考，以此类推，直到我们通过这个流程发现那个隐藏至深的核心问题、那个真问题（图 5-1）。正如前面所说，提问就是一把解锁工具，当一个问题提出时，就会引发后续的思考和分析过程，如果我们继续鼓励人们将针对某个问题的思考和分析过程和结果表达出来，就形成了“解问题”的过程。与此同时，当我们提出一个问题时，也必定伴随着思考过程，我们对事物或现象的思考会引发我们提出一个疑问 / 问题。

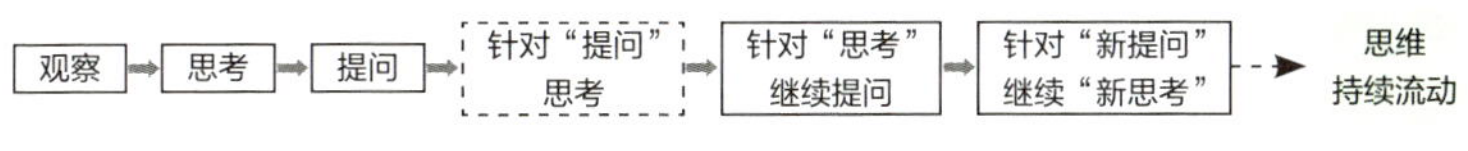

图 5-1　提问促思考流程

回顾一下拆解式提问六连环模型，我们已经学习了五个环节，在某些情况下，我们会不断地循环观察、描述、分拆提炼、提问题、解问题这五个环节，还有一些情况我们只循环使用“分拆提炼 – 提问题 – 解问题”的“拆 – 解”阶段。总之，我们在不停地分解问题、提出问题、思考和分析问题。

拆解式提问模型的应用，会让我们在问题解决思维逻辑图谱过程中持续思考，保持思维流动，从而让我们更好地沿着“发现和提出真问题”“分析和思考真问题”等一系列流程向前迈进，最终达到创新（最优化解决问题方案）的目的和结果。它像一盏灯光在远方，尽管我们一开始并不知道究竟该选择哪条路到达，但是我们却能够沿着灯光方向逐步尝试，终归会到达灯的位置。

二、核心问题评估步骤与指标

不断进行提问题和解问题之后，我们可以从中挖掘出越来越多的细节信息，但什么时候才可以结束提问题和解问题呢？得到什么样的信息或信号，就说明我们找到了真正的问题根源？我们如何来判断和确定，到底是哪些信息或事实是导致某个问题产生的根本？

在我们运用拆解式提问六连环模型的过程中，要不断地对获得的信息进行评估。比如，通过不断的“拆－解”，我们分解并提出了好多问题，并沿着这些问题不断思考、分析和表达（解问题）。在这个过程中，我们会得到许多层次的细节信息。我们在“分拆提炼”环节一直强调，要分拆出关键信息，并对关键信息进行“提问”，可是，我们到底该如何判断一些信息是关键信息，而另一些没那么关键呢？

另外，在一些情况下，在运用拆解式提问六连环模型的“拆－解”过程时，我们并非等到“分拆关键信息、提出问题和解问题”整个阶段完成后才去评估到底谁才是影响当下的核心问题，而是在这个过程中，每次通过提问得到一些信息后，就会对这些信息进行评估和判断了。因此，问题仍然是，当我们不断得到事实 / 细节信息时，我们该如何判断这些信息是否是影响现状的关键、核心信息呢？

我们的评估和判断标准到底是什么呢？是凭经验和感觉吗？还是有一定的步骤和方法？

答案当然是后者。只有我们掌握了科学的评估和判断方法，并且熟练运用，才会慢慢拥有评估经验。

当我们进行“分拆提炼、提问题、解问题”的过程时，该如何对分拆出的问题（信息）进行评估和判断呢？我将评估和判断的标准和过程总结如下。

（1）明确我们当前面对的现状是什么？比如，遇到了什么困境、问题等，或想解决什么问题。将这个现状清晰地列出来。

（2）对“拆－解”过程中获得的信息进行分析，列出那些我们认为可能是导致当前现状（困境 / 问题等）发生的根源信息（我把这些信息称为“嫌疑信息”），并按条目写下来：嫌疑信息①、嫌疑信息②、嫌疑信息③……当然，当我们对这个过程足够熟练时，可以不单独写下来。

（3）评估的 3 个指标：嫌疑信息与当前现状的直接关系；嫌疑信息对当前现状的影响程度；嫌疑信息的紧迫性程度。

（4）针对上述嫌疑信息，将 3 个评估指标转化成以下问题并提出，提出问题后进行初步判断。

①该信息与当前现状有无直接关系？将初步猜测的嫌疑信息代入该问题，如果我们判断嫌疑信息与当前现状有直接关系，则给该信息赋值 1 分。如果我们判断该信息与当前现状之间无直接关系，则赋值为 0 分。

②该信息是否是导致当事人（自己 / 他人）当前现状 / 境况的主要问题？（是 1，否 0）

将嫌疑信息代入第 2 个问题，如果我们判断嫌疑信息是导致当前现状的主要问题，则给该信息赋值 1 分，如果它不是主要问题，则赋值为 0 分。

③该信息在导致当事人（自己 / 他人）当前现状 / 境况方面有多大程度影响？（有影响 2 分，一般 1 分，没有影响 0 分）

第三个问题主要判断嫌疑信息对当前现状的影响程度，分值越大，影响程度越大，其是导致主要问题的可能性越大。影响程度从 2 分到 0 分，根据我们的判断为嫌疑信息赋值。

④如果解决掉这个问题，是否可以直接解决当前的现状 / 境况？（是 1 分，否 0 分）

第四个问题主要通过逆向思维，来判断嫌疑信息是否是导致主要问题（现状）发生的紧迫性问题。如果我们的判断为

“是”，则赋值为 1 分，如果我们的判断为“否”，则赋值 0 分。

在这个阶段，可以沿着第四个评估问题，针对嫌疑信息提出“假设……会怎样？能解决当前现状吗”的反向问题，让我们反向思考：如果不出现“这种情况”会怎样？是否会改善当前现状呢？

⑤如果解决掉这个问题，在多大程度上可以改善当前的现状 / 境况？（可以解决 2 分，一般 1 分，不能解决 0 分）

第五个问题主要通过逆向思维，来判断嫌疑信息在导致主要问题（现状）发生的紧迫性程度。紧迫性程度从 2 分到 0 分，根据我们的判断为嫌疑信息赋值。

同样的，在这个阶段，可以沿着第五个评估问题，针对嫌疑信息提出“假设……会怎样？多大程度上能改善当前现状？”的反向问题，让我们反向思考：如果不出现“这种情况”，会怎样？在多大程度上会改善当前现状呢？

（5）对问题进行评估：在上述 5 个问题上，得分最高的信息，往往是关键信息，是最有可能导致现状的根源性问题，也是核心问题，是我们要找的真正问题。在③和④问题上得分最高的信息，可以被看作当前最紧迫的（重要的）需要解决的那个问题。

将上面的步骤和指标制作成“核心问题评估表”（见表 5-1），然后可以按照上述步骤，将评估过程和结果填入表中。

我们通过案例来详细解剖拆解式提问六连环模型的完整

表 5-1　核心问题评估表

导致当前现状 / 境况产生的核心问题评估				
评估指标 （1~5 分）	赋值	嫌疑信息①	嫌疑信息②	嫌疑信息 ⓝ
		描述嫌疑信息①	描述嫌疑信息②	描述嫌疑信息 ⓝ
该信息与当前现状有无直接关系	有（1 分） 没有（0 分）			
该信息是否是导致当事人（自己 / 他人）当前现状 / 境况的主要问题	是（1 分） 否（0 分）			
该信息在导致当事人（自己 / 他人）当前现状 / 境况方面有多大程度影响	有影响（2 分） 一般（1 分） 没有影响（0 分）			
如果解决掉这个问题，是否可以直接改善当前的现状 / 境况	是（1 分） 否（0 分）	列出反向问题：假设……会怎样？能改善当前现状吗	列出反向问题：假设……会怎样？能改善当前现状吗	列出反向问题：假设……会怎样？能改善当前现状吗

续表

导致当前现状 / 境况产生的核心问题评估				
评估指标（1~5分）	赋值	嫌疑信息①	嫌疑信息②	嫌疑信息 ⓝ
		描述嫌疑信息①	描述嫌疑信息②	描述嫌疑信息 ⓝ
如果解决掉这个问题，在多大程度上可以改善当前的现状 / 境况	可以解决（2分） 一般（1分） 不能解决（0分）	列出反向问题：假设……会怎样？多大程度上能改善当前现状吗	列出反向问题：假设……会怎样？多大程度上能改善当前现状吗	列出反向问题：假设……会怎样？多大程度上能改善当前现状吗
分数合计				
评估结果（核心；紧迫；一般）				

应用过程，包括最后的核心问题评估过程。比如，某天早晨我出门后情绪突然很糟糕，有一股莫名的烦躁。所以，我当前的现状 / 境况 = 情绪烦躁（结果）。

但是，这种情绪烦躁，好像是一种无名火，我自己甚至都无法说清楚，它到底从哪里来，是由谁导致的。因此，我现在面临的困惑，是我要找到导致我“情绪烦躁”的罪魁祸首（发现核心问题）究竟是什么。

要找到引发情绪的原因，是很困难的一件事，因为情绪是一种很微妙的东西，导致我现在情绪突然不好的原因可能有多种。我需要运用拆解式提问六连环模型，去抽丝剥茧，一点点梳理出“到底问题出在哪里”，之后我才能知道如何解决掉它，让坏情绪消失（解决问题）。

接下来我通过向自己提问，让自己进入观察和觉知状态：这种情绪到底从哪里来呢？刚才出门之前发生了什么事情让我的心情变得糟糕？

回忆和描述：出门之前，我尝试了两双鞋子和三套衣服，喝了一杯水，因为过于着急，水洒在了其中一套衣服上，于是我不得不更换另一套衣服，但这套衣服似乎又不是我今天想穿出门的，但迫于时间关系，只能选择这一套衣服和一双并不怎么搭配的鞋子。出门后，我又被树枝绊了一脚，差点摔倒。最后匆忙赶上了车，好在没有迟到。

分拆和提炼：接下来，我根据自己的回忆和描述，要对刚才的描述信息进行分拆和提炼，通过分拆提炼，我得到了几个关键信息：试穿了三套衣服 + 两双鞋子；着急，水洒在衣服上；不得不更换另一套（但并不是最满意的衣服）；鞋子和衣服不搭配；出门后差点摔倒；匆忙赶车。这几个信息表面上看，都与“情绪突然糟糕”有一点关系，我将它们均列为“嫌疑信息”。

接下来，我将进行“提问题”和“解问题”环节。针对上述嫌疑信息（也是关键信息）进行提问、思考分析。

提问：是因为水洒在衣服上，让自己恼火吗？

解问题：好像不是，水洒在衣服上，并没有让我恼火，因为那一套衣服本身也不是自己今天希望穿出门的。但水洒衣服上让自己感到手忙脚乱，浪费了一些时间，可能也会让自己在当时有一些急躁。

提问：是因为穿上了一套让自己并不满意的衣服吗？

解问题：这套衣服的确并不是自己很满意的衣服，但是穿上它也并未让我感到有多么不舒服。这件衣服可能并非让我不满意，而是让我觉得没有新鲜感了。

提问：是因为今天出门穿上的鞋子和衣服不搭配吗？

解问题：答案也没有如此肯定。因为如果只是鞋子和衣服不搭配，我不会介意。但今天出门的确是手忙脚乱，并没有给自己留出很多时间考虑搭配的问题，如果时间充分，我会考虑得更周全。

提问：是因为今天出门前试穿了三套衣服 + 两双鞋子让自己情绪不好吗？

解问题：试穿衣服本身并没有让自己心情不好，但问题可能在于，试穿过程中发现哪一件衣服都不是自己今天想穿的，自己并没有更多的选择。因为来回试穿衣服，浪费了不少时间，后面就有些着急了。

提问：是因为出门后差点摔倒，让自己感到恼怒吗？

解问题：走得匆忙，被树枝差点绊倒确实让自己更生气，是让坏情绪直接爆发的一个由头。但回忆自己之前的状态，似乎在出门前，就已经急躁了。或者说，这种急躁导致了自己出门后并没有留意其他，而造成走路匆忙差点被绊倒的结果。

提问：是因为匆忙赶车让自己情绪突然糟糕的吗？

解问题：通过对上个问题的分析，我发现这个问题的答案也是否定的。匆忙赶车是一个结果，也是前面的某些原因导致的一个结果。我并没有迟到，也成功赶上了车，所以“匆忙赶车”不是主要因素。

通过对问题的不断“拆 – 解”，我得到了许多回忆信息，这些信息提供了很多我之前没有觉察的一些细节和心理动态想法。通过“拆 – 解”得到的信息再次让我“圈定”了嫌疑信息：试穿多套衣服后，没有选到满意的，占用了许多时间，让时间变得匆忙；水洒在衣服上，导致自己更加手忙脚乱，浪费了更多时间，也导致了后续穿搭了不合适的衣服和鞋子。

通过分析发现，这两个嫌疑信息都与“让时间匆忙”有紧密联系，因为这两个嫌疑信息导致了“因时间匆忙而产生了一系列后续让情绪升温的连锁反应”。于是，我得出新的嫌疑信息：更换多套衣服却没有令人满意的，这个过程让我感受到生活的匆忙，对生活现状不满意。

接下来，进入关键的评估阶段，要对嫌疑信息进行评估判断，看究竟什么才是导致我当前现状 / 境况（情绪糟糕）的核心问题呢？我将嫌疑信息按照评估步骤依次进行判断并放入“核心问题评估表”（见表 5–2）中。

“核心问题评估表”的评估结果显示，嫌疑信息③最后的评估得分为 7 分，远超出了嫌疑信息①和嫌疑信息②。这个结果可以帮助我清晰地发现，更换衣服这件事是一种诱因，更换多套衣服而没有挑选到令人满意的，这让我直接感受到“我没有时间去购买新的令人满意的衣服”，而这个过程促发我对生活匆忙而不得闲的状态产生了抱怨和不满情绪，这个情绪的外在表现就是烦躁、感到糟糕。

因此，导致我情绪烦躁、情绪糟糕的核心问题（真正问题）是：生活匆忙，没有时间放松，所以对生活现状不满意。导致我当前状态的紧迫问题（马上解决有一定缓解）是：没有时间购买满意的衣服，导致没有满意的衣服穿。

我发现核心问题和紧迫性问题时，已经心情大好了。我不会再像热锅上的蚂蚁那样感到焦躁不安，没来由地去抱怨生

表 5-2　核心问题评估表案例 1

导致我情绪烦躁、情绪糟糕的核心问题评估				
评估指标（1~5 分）	赋值	嫌疑信息①	嫌疑信息②	嫌疑信息③
		试穿多套衣服→不满意→占用许多时间→变得匆忙	水洒在衣服上→更加手忙脚乱→浪费更多时间→穿上了不合适衣服和鞋子	更换多套衣服→没有令人满意→感受到生活匆忙→对生活现状不满意
该信息与当前现状有无直接关系	有（1 分） 没有（0 分）	1 分	1 分	1 分
该信息是否是导致当事人（自己/他人）当前现状/境况的主要问题	是（1 分） 否（0 分）	1 分	0 分	1 分
该信息在导致当事人（自己/他人）当前现状/境况方面有多大程度影响	有影响（2 分） 一般（1 分） 没有影响（0 分）	1 分	1 分	2 分

续表

导致我情绪烦躁、情绪糟糕的核心问题评估				
评估指标（1~5分）	赋值	嫌疑信息①	嫌疑信息②	嫌疑信息③
		试穿多套衣服→不满意→占用许多时间→变得匆忙	水洒在衣服上→更加手忙脚乱→浪费更多时间→穿上了不合适衣服和鞋子	更换多套衣服→没有令人满意→感受到生活匆忙→对生活现状不满意
如果解决掉这个问题，是否可以直接改善当前的现状／境况	是（1分） 否（0分）	反向提问：假设试穿多套衣服后找到符合心意的，会怎样？能改善当前现状吗（1分）	反向提问：假设水没有洒在衣服上，会怎样？能改善当前现状吗？（0分）	反向提问：假设生活不那么匆忙，留有时间去放松和挑选购买衣服，会怎样？能改善当前现状吗（1分）
如果解决掉这个问题，在多大程度上可以改善当前的现状／境况	可以解决（2分） 一般（1分） 不能解决（0分）	反向提问：假设试穿多套衣服后找到符合心意的，会怎样？多大程度上能改善当前现状（1分）	反向提问：假设水没有洒在衣服上，会怎样？多大程度上能改善当前现状（0分）	反向提问：假设生活不那么匆忙，留有时间去放松和挑选购买衣服，会怎样？多大程度上能改善当前现状（2分）

续表

导致我情绪烦躁、情绪糟糕的核心问题评估				
评估指标（1~5 分）	赋值	嫌疑信息①	嫌疑信息②	嫌疑信息③
		试穿多套衣服→不满意→占用许多时间→变得匆忙	水洒在衣服上→更加手忙脚乱→浪费更多时间→穿上了不合适衣服和鞋子	更换多套衣服→没有令人满意→感受到生活匆忙→对生活现状不满意
分数合计		4 分	2 分	7 分
评估结果（核心；紧迫；一般）		紧迫问题	一般问题（或连带性问题）	核心问题（真正的问题）

活，我已经找到了导致情绪产生的真正问题。找到了它，剩下的事情就是“解决掉它”。

在解决问题阶段，我采用“怎样……”的问句形式针对核心问题进行提问：“怎样才能让我有时间放松，让我每天的生活不那么匆忙呢？有哪些方式可以让我缓解？”

接下来我为自己制订了“每日工作和放松计划”来解决这个核心问题。比如，制订了每天处理工作、回复消息、看书、写书、处理生活事务等必做事情的时间表，同时制订了每天的放松时刻。我允许自己在放松时刻，观看喜欢的影视剧、出门逛街、放空、制作美食等。

不过，我当前的紧迫性问题是：没有时间购买衣服，导致没有满意的衣服穿。这个问题也需要解决。解决掉它，至少可以缓解当前的现状。

“现在我需要做点什么呢？”我的解决方案是：在今天工作结束后奖赏自己，慢下来享受一杯咖啡，并且去那家已经很久没有光顾的小店挑选一件衣服回家。

第六章

拆解式提问的终点：解决问题，打开创新大门

拆解式提问的重要作用是帮助我们发现真正的问题，从而让我们知道我们到底该解决什么问题，该朝什么方向努力去解决。所以，拆解式提问的核心功能是发现问题。不过新的问题又来了，当发现问题之后，怎么办呢？那当然是解决问题。

那么，当我们明确知道“问题在哪里”之后，到底该如何一步步解决问题呢？

一、“拆解式提问－解决问题”的思维模式

我们从发现问题的过程中可以看到，发现问题不是一件容易的事。有些核心问题，需要我们从头到尾不断使用拆解式提问六连环模型，不断拆和解，不断评估分析，才能找到真正的问题。

不过，无论发现问题多么艰辛，一旦我们发现了它，随后的事情都开始变得异常明朗起来。因为，你找到了未来的方向，看到了大门的准确方向。剩下的就是，想办法到达那里。此时，我们的目标会十分地坚定，朝着那个真正需要解决的问

题而发力。

既然拆解式提问六连环模型可以帮助我们很好地沿着“问题解决思维逻辑过程”一步一步地发现核心问题。那么，它在帮助我们完成最后终点（创新性解决问题）上会起到什么作用吗？该如何利用拆解式提问六连环模型去解决问题呢？

多数情况下，我们可以沿着“确定核心问题——观察——描述——分拆提炼——提问题——思考分析——评估主要原因——寻找解决方案”解决路径进行，我将其称为“拆解式提问 - 解决问题”思维模式。具体步骤如下。

第一步，确定要解决的核心问题是什么。解决问题的起点和重要前提是，我们已经发现了核心问题。因此，解决问题的过程从已知的核心问题开始展开。

第二步，运用拆解式提问六连环模型对核心问题进行“拆 - 解”。

（1）观察这个核心问题的存在会带来哪些方面的表现，并对这些表现进行描述。比如，一位妈妈发现孩子写不好作文，孩子写不好作文就是她希望解决的核心问题。写不好作文有哪些表现呢？她通过观察发现，孩子在写作过程中想不到好的词汇，句子干巴巴，等等。

（2）分拆提炼影响该问题产生的关键信息。比如，在这个例子中，我们从观察描述信息中提炼出的关键信息有：想不到好词汇、句子干巴巴（不丰富不饱满）。

（3）针对关键信息提问题，通常情况下提“为什么”的问题。我们的主要目的是解决问题，所以在这个过程中重点是探究和分析原因。比如，我们可以提出：为什么孩子想不到好词汇？为什么孩子写的句子干巴巴？

（4）进入思考分析和表达阶段（解问题）。针对上面的“为什么”问题进行分析，并给出思考分析结果。为什么孩子想不到好的词汇呢？原因可能有：阅读量太少；阅读了但没有积累和复习；阅读积累了，但并未学会如何运用……为什么孩子写的句子干巴巴？心中没有词汇；不知道如何运用词汇；不会将许多词汇连接起来形成长的优美句子……

（5）进入评估阶段。这里评估的重点不再是发现核心问题，而是评估判断“导致核心问题产生的主要原因是什么”，也就是评估“重点该解决哪个问题，就可以最大程度帮助我们解决核心问题”。比如，通过上面的思考分析，我们要进一步进行核实、评估和判断。我们发现有两个主要原因导致孩子作文写不好：①孩子平时阅读量不少，但并未在阅读后积累优美词汇、句子等，所以即便读书很多，但并没有在内心消化。②在这个年龄段，孩子即便积累了句子和词汇，但可能并不知道该如何运用这些优美词汇和句子。

第三步，解决问题阶段，寻找解决方案。针对上面发现的主要原因，提出“怎样……”的问题，激发我们寻找解决问题的方法和途径。

比如，针对原因①，可以提出问题：怎样让孩子在阅读后积累优美词汇和句子呢？怎样让孩子积累词汇和句子后学会消化呢？

针对原因②，可以提出问题：怎样让孩子学会运用优美词汇和句子写作文呢？接下来，就是针对提出的上述问题，寻找解决方法了。

比如，让孩子每天阅读后，摘抄优美词汇和优美句子；为孩子讲解优美词汇和句子的含义，帮助他消化理解和记忆；让孩子每天回顾和背诵优美词汇和句子，以加深理解和记忆；让孩子模仿这些优美句子进行二次创作，模仿也是学习的开始，让孩子在模仿中慢慢学会运用；帮孩子找到句子扩写的方法；等等。

这些解决方法都是针对导致核心问题产生的两个主要原因而提出的，都可以帮助孩子解决“作文写不好”的问题。当然，我们可以进一步对提出的解决方案进行评估，找到效果最好、效率最高的解决方案，也可以对方案进一步优化，让它更适合孩子的实际情况。

我将这个过程制作成了流程图见图 6-1，它可以让我们更清楚地看到，拆解式提问六连环模型在发现问题和解决问题两个过程中是如何发挥作用的。

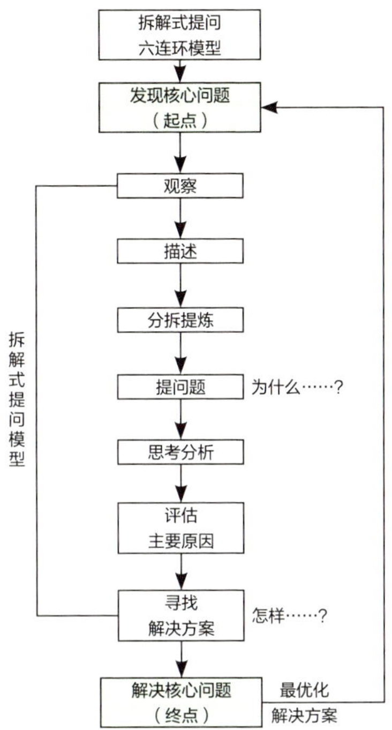

图 6-1　拆解式提问六连环模型在发现问题和解决问题旅程中的作用

二、简单五步骤，让解决问题更高效

拆解式提问模型的六个环节，在具体解决问题的过程中可以简化运用。其实，当我们已经清晰找到核心问题是什么时，对核心问题带来的现状、表现、现象等情况已经比较清楚了。我们要做的重点工作就是思考和分析造成这个核心问题的原因是什么。

此时我们可以省略“观察、描述、分拆提炼”这三个环节，直接从“提问题”环节开始。一般情况下，我们可以提出“为什么……”问题或者“造成核心问题的原因有什么”的问题，并全面思考和分析核心问题背后的原因。找到了主要原因，就找到了要重点着手解决的问题，就可以针对主要原因有侧重地去寻找解决问题的多种方法和途径，最终解决掉这个核心问题。

因此，我们可以重点使用拆解式提问模型中的“提问题 - 解问题（思考分析）- 评估”三个环节，并将这三个环节融合到解决问题的步骤中来。

解决问题的路径可以简化为五个步骤：“确定核心问题——提问题——思考分析——评估主要原因——寻找解决方案”。“拆解式提问 - 解决问题”思维模式就会变得更简洁。这个方法可以应用在日常生活、工作、教育等多个场景中，帮助我们解决各种小问题。如果你是销售人员，最近面临着“销售量差”“客户流失”等核心问题，那么你需要想办法解决的是“如何让销售量提升”“如何维护好客户关系，不让客户流失”等问题。如果你是教师，面临着教学中的各种令人头疼的问题，比如，“课程教学无趣，无法调动学生积极性”等问题，那么你需要想办法解决的是“如何让课程设计变得有趣，对学生产生吸引力”的问题。如果你是市场营销人员，可能面临着“市场下滑”“宣传效果不佳”等现实问题，那么你需要解决的是“如何提高市场占有率”“如何强化宣传效果”的问题。如果你是产品经理，可能面临着“用户对产品的体验感太差”“用户对产品的功能设置不满意”等核心问题，那么你需要解决的是“如何改善产品，让用户的体验感变好”“如何改善功能设置，提升用户的满意度”的问题。所以，当你对自己面临的核心问题已经十分明确时，或者你通过拆解式提问的方法找到了让自己困扰已久的核心问题时，就可以开启“解决问题”之路了。接下来我以刚才列举到的场景来示范如何利用简单的五个步骤找到解决问题的方法。

确定核心问题：课程教学无趣，无法调动学生积极性。

提问题：为什么课堂教学无趣？为什么学生没有积极性？

思考分析：可能的原因有，课件设计死板、讲课内容空洞、课堂互动设置少、内容深奥学生无法理解、教师授课经验不够丰富……

评估主要原因：通过实际分析和对学生进行调查后发现三个主要原因：讲课内容空洞、课堂互动设置少、内容深奥学生无法理解。其他原因也存在，但不是主要原因，如果能够一并解决将会产生更好的效果。

寻找解决方案：针对主要原因提出“怎样……”的问题，并寻找解决方法。

怎样设计课程可以让内容变得不空洞，变得生动起来？

可能的解决方法：增加实践案例的比例；用案例讲解理

论；将晦涩的理论内容进行二次加工变成“白话文”；等等。

怎样在课堂中设置互动环节，提高学生的参与感？

可能的解决方法：讲完每一个案例之后，设置讨论环节；定期设置学生成果展示环节；设置学生提问环节；设置学生小组互评环节；等等。

怎样把授课内容变得深入浅出，让学生能够理解和吸收？

可能的解决方案：采用翻转课堂教学方式，提前将知识内容提供给学生去学习和理解；设置学生小课堂，让学生针对某些内容输出他们的理解，大家进行讨论；用有趣的故事解读深度的内容；等等。

通过上述过程我们可以看到，按照一定步骤和方法进行拆解后，居然可以得到如此多的解决方案。这些解决方法可以共同使用，它们组合起来在很大程度上可以解决掉我们当前面对的困境问题。当然，我们也可以再次评估和判断该选择哪一种或哪几种解决方案率先尝试。总之，解决问题的道路开始变得清晰可见。我们面对问题时，心中会充满勇气，因为自己掌握着可循的路径和方法。更准确地说，拆解式提问模型为解决问题提供了一种思维模式，通过上述系列步骤可以训练和培养我们解决问题的思维模式，从而帮助我们运用这种思维模式去寻求解决问题之道。我们所遇到的问题有大有小，千差万别，但当我们拥有解决问题的思维模式时，就可以沿着路径慢慢找到解决问题的方法。当然，除了拥有解决问题的思维模式，要想解决问题还受限于其他外部条件，比如一个人需要具备充分的知识储备，才能在面对问题时自由调动大脑中的知识并运用它们去提供某种解决方案。另外，我们还需要拥有足够的解决问题的资源条件，才能为解决问题提供支持。如果一个人既具备解决问题的思维模式，同时又拥有相当的知识储备，并且手边还有可以支撑的资源，那么解决问题就会变得简单。

三、拆解式提问：打开创新大门

拆解式提问六连环模型以及它涵盖的重要方法（比如分解式提问策略）和逻辑，不仅可以一步步带领我们发现现实、困境、表象等背后隐藏的核心问题，还可以推进我们再次以“核心问题”为出发点，沿着清晰可见的路径和方法去解决这个问题，最终达到创新性解决问题的目的。拆解式提问模型及其重要方法是打开创新大门的钥匙，连接着“问题解决思维逻辑过程”的起点和终点。它让我们在发现问题、思考问题、分析问题、解决问题的道路上变得畅快。

拆解式提问六连环模型可以在各种不同的场景下使用，帮助我们不断发现日常生活和工作、家庭教育、学校教育、项目研究、产品研发、发明创新等领域存在的问题，并寻找到解决这些问题的方法和途径。

以下以日常家庭教育和亲子陪伴为例，讲述如何训练孩子的想象力和激发孩子形成创新动力。

任何一种东西都可以成为我们的观察对象，我们可以借助它让孩子打开思维，从而助其迸发出不可思议的创新想法。比如，我们以“天空”为对象，借助拆解式提问模型进行练习。

观察：让我们观察一下，天空是什么颜色的呢？（激发孩子观察。）

描述：天空是蓝色的，有时候是深蓝色，有时候是浅蓝色……（激发孩子观察和描述细节的能力。）

提问题①：为什么天空是蓝色的呢？为什么不是别的颜色呢？（让孩子思考可能性，但多数情况下，孩子无法给出解释，但是否能给出答案并不重要。）

解问题①（思考和表达）：年龄小的孩子可能会说，是什么东西把天空染成了蓝色……也可能会说出其他令我们惊叹的解释。

提问题②：如果天空不是蓝色的，你希望它是什么颜色的？（继续提问，打开孩子的想象力，不要局限在分析原因上。）

解问题②（思考和表达）：孩子此时可能会有各种各样不同的答案，比如他希望是橙色的。

提问题③（解决问题）：怎样才能把天空变成你喜欢的橙色呢？（激发他思考解决方法，训练孩子解决问题的能力，同时也在激发孩子的想象力，让孩子创造和想到多种可能的解决办法。）

解问题③（解决方案）：比如，给大气喷上橙子的颜色；用一片橙色的塑料片把眼睛遮住，也可以让天空变成橙色；建造一个透明屋顶的房子，房顶用橘色的玻璃制作，是不是就可以让天空变成橙色？……（和孩子一起打开思维，讨论和想象）

当然，如果你并没有太多时间和孩子共度亲子时光，当孩子向你提问“为什么天空是蓝色的？”类似问题时，你也可以借机运用上述方法和步骤和孩子展开一场充满想象力的对话。这样既能建立你与孩子之间的沟通，增强亲子关系，也能鼓励孩子更多地提问并训练他的想象力和创造力。

当然，成年人也可以用这个方法，将身边有趣的事物作为观察对象，去训练自己的创造力，让自己迸发创新想法，创新大门就会随即打开。

四、逆向思维：任何创新都源于对某个问题的解答

在我们的生活中，有许许多多的发明创新，它可能是一个能够折叠的桌子，可能是一个能升降的椅子，可能是一把雨伞，可能是一把儿童吃饭用的勺子，可能是一种新的商业模式，也可能是一个新的应用程序。如果追根溯源地询问：它们为什么会产生呢？我们会发现，所有的创新、创造都来自对“某个问题”的求解。

一张能够折叠的桌子的产生，是因为“吃饭空间狭小”，要解决“既能保证吃饭又能节省空间”的问题。

一个阅后即焚的应用程序的产生，是因为“人的释压和隐秘需求”，要解决人们“既能在某个空间释放压力，但又不被发现”的问题。

生活中的创新无处不在，也处处充斥着需要被发现和解决的问题。当我们从生活中观察到的事物（物品）出发，逆向思考：它来自哪里？它原本要解决什么问题？创造者是如何发现这个问题的，又是如何沿着这个问题找到解决方案的？然后，我们就可以找到它的完整创新路径。这是一种对创新的逆向解剖。

我们可以利用这种逆向思维，并结合拆解式提问模型，高效地训练我们的创新思维模式。我将这个训练过程总结如下。

首先，确定我们要观察的创新产品，并提炼分析“它的产生是因为创造者发现了什么问题？主要是为了解决什么样的问题”。

其次，将该创新产品的来源问题写下来，并假设成为“我们发现的核心问题”。

再次，利用“拆解式提问－解决问题”模式或“大而化小”分解式提问策略的系列步骤进行问题分解（详细步骤参看前面内容），并模拟创造者寻找解决方案的过程。

最后，我们可能会发现，沿着同样一个“核心问题”，我们可以最终形成该创新产品的想法，也可能会在这个训练过程中产生其他的创新想法。

接下来，我们以桌子防撞条为例来进行练习。

首先，思考这种创想从何而来。它是发现了什么问题呢？希望解决什么问题呢？

其次，将桌子防撞条的来源问题写下来，即，人会撞到桌子角，我们要解决“如何避免人撞到桌子角”的问题。

最后，利用分解式提问策略，分解问题。比如，“人撞到桌子角”危险的原因可能是桌子角太尖锐、桌子角太硬等，并针对这两个原因提出问题：怎样让桌子角变得不那么尖？怎么让桌子角不那么硬？

接下来寻求可能的解决方案：把桌子角变圆滑；在桌子角上加上软的东西，比如海绵、衣服、泡沫。这些都可以减小桌子角的危险性。接下来针对解决方案再提出优化方案：如何让桌子角又美观又安全？我们可以将软软的材料变成漂亮的造型，从而制作出五颜六色的泡沫防撞条。

同样的道理，我们也可以观察生活中的其他现象，并利用拆解式提问模型一步步训练我们发现问题、思考问题、分析问题和解决问题的能力。整个过程从发现问题开始，以解决问题为终，这是创新思维模式的形成过程。

任何解决方案都是因发现某个问题开始，任何创新也都为解决某个问题而产生。创新的根本动力仍在于“发现问题”。

在多年的实践工作中，我越来越体会到并深信，提问能力是一种“解锁工具”，并且是一种底层逻辑。当我们手握这种工具，一点点去发现身边存在的问题、提出问题，并且继续用解锁工具不断拆解和分析问题，再用这种工具去解决问题并找到更好的解决方法，最后的结果就是创新性解决了问题。

创新并非某些人的专利，也并非只有天才才可以。我在书中强调的创新，能够解决掉我们之前无法解决的问题，找到我们之前一直不得方法的路径，这就是一种创新行动。很多时候，创新不一定轰轰烈烈，它就体现在生活和工作中许多小事上面。

提问，可以打开创新的大门！这句话看似简单，却在提问和创新之间经历了千山万水。

本书的价值恰恰在于，剖解从提问到创新性解决问题之间的复杂过程，用一种底层逻辑（拆解式提问模型）推动人们先从“如何发现问题”开始起航，再推动人们不断拆解问题，最终找到更好地解决问题的办法（创新性解决问题）。

拆解式提问模型可以训练人们的创造性思维，让人们在“问题解决思维逻辑过程”中不断迈进。拆解式提问模型这把解锁工具，推动着我们逐步形成创造性思维，并沿着“问题解决思维逻辑过程”的不同阶段不断前进，从发现问题开始，不断思考和分析问题，最终创新性解决问题。